蔣子安著

文學叢刊

夕陽情挑

——大明星與部長

文史哲出版社印行

國家圖書館出版品預行編目資料

夕陽情挑：大明星與部長 / 蔣子安著. -- 初版 --臺北市：文史哲, 民 105.11
頁; 21 公分（文學叢刊；371）
ISBN 978-986-314-334-5（平裝）

857.7　　　　105021094

文學叢刊 371

夕陽情挑：大明星與部長

著作者：蔣子安
235 新北市中和區秀朗路 3 段 10 巷 35 弄 5 號
電話：886-2-2942-6636
手機：0931-170-603
校對者：蔣克品　程鳳英
出版者：文史哲出版社
http:// www.lapen.com.tw
e-mail：lapen@ms74.hinet.net
登記證字號：行政院新聞局版臺業字五三三七號
發行人：彭正雄
發行所：文史哲出版社
印刷者：文史哲出版社
臺北市 100-74 羅斯福路一段 72 巷四號
郵政劃撥帳號：一六一八〇一七五
電話 886-2-23511028 · 傳真 886-2-23965656

定價新臺幣三二〇元

民國一〇五年（2016）十一月初版
民國一〇五年（2016）十二月初版二刷

ISBN 978-986-314-334-5　　09371

夕陽情挑

——大明星與部長

本書內容，均係杜撰虛構，如右...

（一）

台灣某個大城市郊區，隔一條小溪，對
了果樹，被聰明的營造業者看中，開創了三
推出就有銀髮族高官貴婦紛紛遷入，作為休
做過台灣影視部長的徐文輝，與做過他
蓄，在「小而美」最下層各購了一棟。
由於他倆都是影視部出身，緬懷以往，

挑入座。

原本種

京秀麗，

一生積

「同心

電話：八八六⋯⋯
郵撥：⋯⋯
羅斯福路⋯⋯
⋯⋯社
⋯⋯寄
一九五⋯⋯
一六五⋯⋯
二○
七六五二
五六八號

麵館」維持生活。

徐文輝腦筋靈活，創老人才藝表演，為老人才藝有所發揮，又出點子創「同心結麵食」招引來客。

所謂「同心結麵食」，是一條長長麵線，兩端打一個結，一男一女或老年夫妻、情侶，兩人同時搶食，誰先搶到「同心結麵食」，就是勝者，就能制伏對方，消息傳出，好奇心人們，大有人在，生意不惡。

這日是假日，「同心麵館」客滿，鄰近鄉鎮，由中南部北遷者甚眾，有人發起台語、客語歌唱比賽，於是，兩族銀髮老人唱歌比賽，徐文輝當裁判，比賽結果，一族均得100分，徐文輝贈錦旗一面，又贈同心麵免費吃食，皆大歡喜。

徐文輝六十八歲，身高體健，兩鬢斑白，臉部梗直，兩眼炯炯有神，看去好似五十多歲左右，是個美男子。

他頒獎後走下小型舞台，伸出大拇指，對林光慶夫婦嘉勉。

林光慶妻子淑娟，以前開過餐廳，經驗老到，雖然麵館兼有咖啡飲料，除了請了一位廚房師傅，獨自一人，也能照顧週到，應付裕如。

「部長今天很高興?!」淑娟面露微笑說。

「大嫂！以後在公共場所，不要這麼稱呼，我已退休多年了。」

「多少年來都這麼稱呼，改不過來了。」

站在妻子身旁的林光慶說：「我在你屬下做處長，我稱呼您老長官總可以吧？！」

「我們這家麵館，開業已半年，經營不錯，可喜可賀。」

徐文輝有菸癮，取出一包菸，又塞入口袋。

「您吸！您吸！沒有關係！」淑娟連忙說。

「不，好的習慣，我們要遵守，到外面再吸吧！」

「部長！說真的，我們這家麵食餐廳，若不是您大力贊助，我與光慶下輩子也開不起來。」

「淑娟說的是真話，老長官是大股東。」

「你看、你看，你們夫婦同心協力，我吃不消了。」

徐文輝拿了一件外套，準備辭去。

林光慶陪同步出。

這時，已下午五時，夕陽普照，且有一道彩虹，把「小而美」別墅區照的五彩繽紛，令人賞心悅目。

「哇！美！美！今天是什麼日子？！」徐文輝望著彩虹讚嘆著。

「是很美，不多見，我看我們要走好運了。」林光慶說。

「走什麼好運？只求一生安樂平順，沒有大災大難就好了。」徐文輝答著。

一面拿出一包菸，一支遞給光慶，一支含在嘴裡，正要掏打火機，林光慶先取出打火機，替徐文輝點菸。

他倆一邊吸著菸，一邊在店前小路徐步緩行。

這時，有輛賓士車，按了兩聲喇叭。

文輝、光慶站一邊，讓路。

賓士車開了幾步停下。

車上下來二女，一位資深美女，大明星打扮，緊身衣褲，凹凸有致，一手持陽傘，一手牽著一隻橘黃色小貴賓犬，戴墨鏡，由一位較年輕的女士，陪同散步，經過文輝身邊。

資深美女對身邊的女士說：「這段路，讓我走一走，運動運動。」

「老規矩，表姊每一次到這裡上坡，都是走路。」年輕的女士說。

資深美女取下墨鏡擦眼。

徐文輝一見，不禁訝異。

然後資深美女與表妹走前，賓士車緩慢後跟。

「這個女人，我有點面熟。」文輝手摸下巴說。

「她是大明星，您不知道？！」光慶回說。

文輝一聽搖頭，一邊思索這個女人是誰？

「因為老長官搬來沒多久，她住在上層別墅。」

「叫什麼？」

「趙詩雨啊！」

轟一聲，文輝差點暈倒。

「是她？！」文輝質疑。

光慶望著文輝：「部長認識？！」

「豈止認識。」

光慶聽了文輝這麼一說，也怔住，望著文輝。

「哈哈！真是冤家路窄。」

光慶摸不著頭腦，一面怔在那邊，說著：「什麼?!」

文輝：「天機不可洩露、天機不可洩露。哈哈…」

這位文輝驚為天女的資深美女，是台灣及香港知名的大明星，享譽影壇數十年，因保養得宜，看去臉上沒皺紋，秀髮可能染過，蜂腰圓臀，走路婀娜多姿，一眼就把徐文輝的心吊住了。

大明星趙詩雨，住在「小而美」別墅上層，有車庫停車，因消息靈通，最先挑到前面有花圃，而且坐北朝南一棟，最為詩雨喜愛的是，屋後有株桂花樹，每年夏末初秋，桂花盛開，香氣撲鼻，令人心曠神怡。

（二）

門口花圃旁有一不鏽鋼小圓桌，兩把不銹鋼小椅，椅上置有繡花坐墊及靠背，主椅後有一橘色洋傘，炎熱夏天，或小雨天，也可坐在門前欣賞整個社區風景。

詩雨息影多年，沒有睡懶覺的習慣，上午九時鬧鐘一響，就起床梳洗，然後坐在門口早餐。

表妹珊珊端來早餐。

詩雨拿起望遠鏡觀看四週，一邊用纖纖小手夾起蔬菜三明治，輕輕吃了兩口。

「我看這個社區搬來的人越來越多了。」

「是啊，表姊！昨天傍晚，我們步行上坡，有個男人好討厭！」珊珊說。

「怎麼討厭？！」

「他死盯著看表姊，彷彿要把妳吃了。」

詩雨正端杯喝牛奶，聽了這句話差點嗆著，放下杯子，笑著說：「老了！還有吸引力嗎？」

千穿萬穿，馬屁不穿，珊珊為討好表姊，又說：「我看表姐的風度氣質，還是有老男人著迷。」馬屁十足。

詩雨一邊微笑著，一邊取餐巾紙抹了嘴唇，微笑說著：「胡說八道。」

碰巧這時別墅下層處，徐文輝也用望遠鏡看詩雨。

「表姊！妳看那邊，那個男人用望遠鏡看我們。」

「看就讓他看吧！我們又不會瘦半斤、少八兩。」

「表姐說的有道理。」

詩雨吃了一半，突然皺眉停食，雙手摀肚。

「怎麼不吃了？」珊珊關心問。

「最近三不五時，肚子隱隱作痛，好不舒服。」

「我看還是去醫院檢查一下吧！」珊珊關心建議。

「嗯，我是有這個打算。」

「那等台生回來，一起去。」珊珊建議。

「這個孩子，他一回來，就跑去游泳池，我們不用等他。」

詩雨站起，摀肚皺眉。

別墅山腳下，小溪旁，有個小型游泳池，為住民使用，不對外開放營業，詩雨的兒子台生，有二十餘歲，長得人高馬大，識者都稱他為小帥哥，他也悠然自得，真如母親所說，他一回來，就泡在游泳池，他是游泳高手，中學曾參加南投日月潭游泳比賽，此時他用各種姿勢，蛙式、仰式、蝶式，潛入水下，翻雲覆雨，一人逍遙自在，不亦快哉。

徐文輝的女兒翠翠，身材苗條、面目清秀，在中部念大學住校，搬來後，第一次來探望父親，適父親不在家中，見游泳池，她一直想學游泳，見池中水不深，又有女游泳衣褲購買，試了一下水溫，就跳下水練習游泳。

台生見一年輕美女跳下水游泳，心中甚喜，連忙游近搭訕：「新搬來的？」台生問。

「對！」翠翠答。

「怎麼稱呼？」

「不要跟我說話。」

「新手！」

突然翠翠嗆水，沉了下去。

台生立即抱起她壓胸搭救。

翠翠吐水。

「好！沒事了。」

翠翠更衣，生氣走人。

台生連忙走近，一再道歉：「我不知道妳是新手，對不起！」

「我真倒楣，第一次來社區，第一次下水游泳，就碰到你這個搗蛋鬼。」翠翠生氣說了幾句，就嘟著嘴走了。

台生怔在那邊，萬分抱愧，給自己一個重重耳光。

（三）

徐文輝自那天與大明星趙詩雨不期而遇，沉默多年的心扉，一石掀起千層浪，震驚不已，是她！真的是她！他屬兔，天生桃花多，他一生只愛這個女人，當年趙詩雨紅遍大半天，她的一顰、一笑、一投手、一投足，無不令他着迷，無法克制，以無名氏具名，寫了一百封情書給她。

由於自己地位關係，且係在權威領導下，不敢披露真實身份，他個人低調，內心熱火朝天，外表卻冷若冰霜，日子久了，眼見社會百態，而且恐「愛情徒勞」，不是有位名人說過：「我本將心託明月，誰知明月照溝渠。」無心求證，自己雖然有才、有位，但年歲日潮增長，也體會有句名言：「無知比有知幸福，無情比有情快樂。」常閱修心養性書籍，對於愛情這方面漸漸淡泊冷卻，真如一般人所言：「一鼓作氣，再而衰、三而歇」的地步。

然而他究竟是個有情有義的男人，多年後有緣奇遇，難道不是老天有意撮合。

趙詩雨息影多年，有時影劇版也有報導她，在經濟這一塊，有些斬獲，其他無所訊息，這個女人是迷，他不可輕舉妄動，住在同一社區，當有接近機會，因此他每天用望遠鏡，遠望她的倩影，以慰相思。

趙詩雨這兩天腹疼加劇，於是去聯合醫院求診，她與表妹珊珊站在門口，準備出發。

「表姊！我看是不是用假名字報名求診，比較好。」珊珊提出建議。

「為什麼？！」詩雨戴上墨鏡問說。

「我怕記者知道了有所操作。」

「我息影多年，對我沒什麼影響，是福不是禍，是禍躲不過。」

「表姊！妳看！下層有個男人，好像又在看我們。」珊珊好似特別關心。

不錯，徐文輝又用望遠鏡注視她們。

詩雨到了聯合醫院，在內科求診，院方知是昔日知名大明星，特別安排主任醫師看診，他問了詩雨病情，又作了各種初步檢查後，再回到診療室，詩雨面詢醫生。

「醫生！你看，我究竟得了什麼病？」詩雨輕聲問著。

「經過初步檢查，趙小姐恐怕在胰臟方面，出了問題。」醫生邊看電腦邊回答。

「噢。」

「先服點藥，下個禮拜二，再來做超音波檢查。」

「是不是蠻嚴重？！」詩雨關心地問。

醫生頓了一下，不便立即回答：「這⋯⋯」。

「醫生！我這個人看得很開，希望你真相坦告。」詩雨坦白陳述。

醫生笑笑：「妳是大明星！見過大場面，有點毛病，嚇不倒妳，但是我還是等到徹底查出真相，再當面奉告，好不好？！」

「那謝謝了。」

詩雨站起，與珊珊走出，隨手關了診療室門。

醫生待趙詩雨走出，才對護士小姐說：「可惜，這麼可愛的女人。」女護士怔住無言。

同心麵館，今天客人不多，只有一個老人拉手風琴自娛。

徐文輝含笑走進來。

「部長今天來的早。」淑娟微笑迎上。

「心裡煩，出來走走。」文輝坦告。

「您也有心煩的事？」

「我知道老長官心裡煩什麼？」光慶插了一句。

文輝連忙以一指放唇邊噤聲。

「哈！你們有秘密？！」淑娟笑著說。

「到時候我會告訴你們。」

「好，一言為定，部長今天喝什麼？」

「咖啡。」

「老規矩，不加糖和奶精。」

淑娟走開去沖咖啡。

光慶微笑望著文輝。

「有這麼嚴重？」

「心田厚、慧根淺，容易招煩惱。」文輝感嘆答著。

文輝坐不久，回到住家門口，又拿著望遠鏡搜索心上人。

翠翠輕手輕腳走入，從文輝背後擁抱他。

「是翠翠嗎？」文輝問著。

「不是女兒，誰會這麼大膽抱您？！」翠翠薇笑說。

文輝放下望遠鏡，轉身笑對翠翠。

「調皮。」

「爹！我告訴您一件事。」

「怎麼？又和小姐妹吵架了？」

「才不是，上次我不是第一次來社區嗎？」

「碰到新鮮事了？」

「看到游泳池，我就下去游泳了。」

「以後我不在現場，不准你去游泳！」文輝正色說。

翠翠伸了伸舌頭：「那我不說了。」

「怎麼不說？是不是有人欺侮妳了？」

「誰敢欺負部長的掌上明珠？！」

「那發生什麼事了?!」

「一個年輕人老跟我說話,我差點……」

文輝一聽,把翠翠拉到正面,厲聲說:「差點出事了?!」

「後來他救了我。」

文輝用手指點了點翠翠額頭:「妳從小就有冒險犯難精神,下次可要小心謹慎!」

「是!爹!」翠翠低下頭,面有愧色。

翠翠是文輝唯一的親人,見她面有愧色,連忙抱了女兒,在她額頭吻了一下。

「人家救了妳,我們可要登門拜謝。」

「是!爹!我也有這個打算。」

「妳知道這個青年住在那棟別墅?」

「彷彿是A棟2號。」

「好!那我們現在就去。」

文輝和女兒上了上層別墅A棟2號,按了門鈴,無人應,撲了空。

他們父女在門口,站了一會兒,審視門口有花圃、有小圓桌、兩椅,屋後有桂花，香氣撲鼻，文輝怔住了。他用望遠鏡多次看過，彷彿是詩雨住家，不會這麼巧吧？！他自問著。

詩雨確實不在，正在聯合醫院作超音波檢查，現在科學發達，因病人是知名大明星，技術人員也趕工，蒐集資料即時上了電腦。

詩雨坐在醫生面前，面目冷漠。

珊珊站在她身後，兩人都在等檢查報告。

醫生看電腦診療紀錄。

然後醫生望了望詩雨，又看珊珊。用手指了指珊珊。

「能不能請她出去一下？」

珊珊會意，走出，輕輕帶上門。

詩雨這才問說：「是不是那裡出了毛病？」

「確係胰臟有點問題。」

「噢，嚴重嗎？！」

醫生考慮俄頃，正色答：「也不能這麼斷定！先化療吧！」

「那就是說很嚴重？！」詩雨仍然追問。

醫生無奈，笑了笑說：「這、這樣吧，一邊化療、一邊再徹底檢查！」

「謝謝！」

詩雨臉色凝重走出。

珊珊在門口，聽了一切。

詩雨的座車在門前停了，珊珊攙著詩雨下車，關在門前籠子裡的小貴賓犬，叫著跳著歡迎，珊珊打開籠，小犬在詩雨前後搖頭擺尾，吠聲不停，但是詩雨表情冷漠，不像往日看了愛犬，摸摸他的頭才入內。

「表姊！」珊珊輕叫了一聲。

詩雨沒有回音。

「表姊！」珊珊又叫了一聲。

詩雨偏過頭，望了望珊珊一眼：「不要煩我！」

珊珊開了門正要進內，珊珊忍不住又說：「表姊！我、我⋯」珊珊擦著眼淚。

詩雨這才停步望她。

「妳在門外聽到了？！」

「我在門口聽到兩個護士小姐說⋯」

「說什麼？」

「大明星得了胰臟癌。」

詩雨站定有點氣，但還是忍了下來，無語推開門入內。

珊珊與小犬跟進。

下層別墅門前，徐文輝看得一清二楚。

詩雨脫了外套，站在窗前，一臉嚴肅，小犬趴在地上，雙眼望她，期盼女主人抱抱牠，但詩雨無心逗小犬，小犬只好作罷，不再吵鬧。

珊珊端來一杯茶，放在茶几上。

「我要去休息一下。」詩雨推門進入臥房。

小犬想跟進，被擋在臥室門外，牠只好在門外用爪抓門。

詩雨入內，坐在梳妝台前，望鏡看自己，又站起走去陽台，再又回房中蹀踱，不意瘋性起，她隨手拿起拖鞋、枕頭、雜物，最後拿起昂貴巨大台燈，往梳妝台鏡子砸去，梳妝鏡粉碎。

珊珊聞聲衝進。

詩雨一臉淚水，張開雙臂。

珊珊衝上，兩人緊緊擁抱痛哭。

（四）

次日，詩雨執友梅子來訪，梅子與詩雨年齡相當，也是影視明星，這天他梳了貴婦型髮型，穿了素色旗袍，半高跟鞋，端莊典雅。

她倆坐在門前小圓桌兩端，桌上放了咖啡、小點心。

「珊珊打電話給我，說妳從醫院回來，情緒失控。」梅子首先打破沉默僵局。

詩雨怒目望了站在一旁的珊珊。

「多嘴！」

「檢查了？！嚴重嗎？」梅子關心的問說。

「胰臟癌。」詩雨輕輕的說。

梅子一聽，一手拿了點心，又放回去，驚訝地問說：

「什麼？怎麼會？為什麼得這種病？」

「也許是遺傳，記得我姑媽就是得這種病過世的。」

梅子摸了摸對面詩雨的手背，表示關切。

詩雨勉強笑了笑：「意外吧！我已經快六十歲了，這一生苦過、也風光過，無所謂，我淡然面對。」

「這些，我最佩服妳，我們是多年好友，也是多年競爭對手，妳遇到挫折，從來不退縮，不畏懼，希望妳挺過去！」

「醫生只能醫病，不能醫命。」

「是啊！生、老、病、死，誰也免不了，不過妳一向潔身自愛，又常作運動，應該健康長壽。」

「時也、命也，不談了，唉！」詩雨嘆了一口氣，望著遠方。

梅子端茶喝著。

「有時我常想，我們倆競爭數十年，光是爭取女主角，十次，妳有七次，我只有三次，我永遠趕不上妳，我很氣妳、又佩服妳，我說的是真心話。」

「那些都是往年舊事、過眼雲煙，記得有人寫了一首詩：人生如蜂，朝走西來暮走東。人們好比採花蜂，採到百花成蜜後，到頭辛苦一場空！」

「不，妳的拍戲酬勞，從來不亂花，不是買賣股票，就是搞房地產，如今妳是億萬富婆。」

詩雨一聽，終於有一絲笑意：「妳是調查局出來的？」

兩人一哂，詩雨不再愁眉苦臉，也端杯喝了一口水。

「昨天晚上，我想了一夜，古人說過：『到老方知非力取，三分人事七分天』，一切聽天依命吧。」

梅子又輕輕拍了詩雨的手背。

「妳倒是想得很開。」

「昨夜我也打聽另一位認識的醫生，他與我主治醫生是好友，互有聯絡，我逼他說出真相，他說我的病已到癌症末期。」

「什麼？這麼嚴重？！」梅子嚇了一跳。

「如果沒有意外，可能生命只有一年。」

梅子聽後，有點眼濕，連忙過來抱著詩雨。

「詩雨！不要胡思亂想，我看妳吉人天相，準會長命百歲！」

詩雨也含淚拍了拍梅子的手。

梅子回坐，定定望著詩雨。

「嚇了妳了？！」詩雨說。

梅子點點頭，擦了淚。

「我自己倒是很鎮定，無所謂，我要在我一年內，完成三件事。」

完成三件事？！新鮮，這個女人堅強的可以：「那我請問妳要完成哪三件事？」梅子好奇的問說。

詩雨定了定一會神？才肯定地說：「第一、我要有恩報恩。」

「第二呢？」

「我要有仇報仇，還有第三…」詩雨說到這裡停了下來。

梅子手一揚：「我知道第三件，是不是在妳紅遍遐邇時，妳收到一百封情書，想知道這個情聖是誰？」

「妳是我肚裡的蛔蟲？！」

「是妳自己常常提起的。」

「不錯，我是有這個念頭。」

「哈哈！女強人究竟是女強人，嚇不倒妳。」

梅子佩服的五體投地，對詩雨伸大拇指。

詩雨和梅子吃著小點心，梅子張目四望。

「這個小花圃真美，可惜花草好像很久沒有修剪了。」

「原來的花工搬家了，我想再另外找一個。」詩雨答。

「多珍重，我們四仙女，衛生麻將，不能三缺一啊。」

兩人一笑。

詩雨撫腹，不舒服狀。

(五)

徐文輝與林光慶，又在別墅下小徑散步，看見路旁電線杆上，有張小廣告，他倆停步觀看。

小廣告寫「誠徵花工一名，待遇從優，願者請至花園路A棟2號面商」

「這不是大明星的家嗎？」林光慶說。

「不錯，有一次我帶女兒去大明星家。」文輝答。

「您去過她家？」光慶很意外。

「翠翠第一次來社區，去游泳池游泳，差點出事，是大明星的兒子救了她，所以我們想去道謝。」

「見著沒有？」

「沒有，她不在家。」

「她有兒子？！」光慶又問說。

「什麼？妳還以為她是老處女？」

「哈哈！老長官，大明星是您多年的心上人，您想不想去應徵？」

「人生如戲，有何妨？」

「老長官！祝您成功！」

兩人一笑。

次日，上午晴空萬里，又是夏末秋初，涼風徐徐，桂花香氣撲鼻，令人心曠神怡。

詩雨又坐在門口椅上。

珊珊照顧她服了藥丸。

然後詩雨在小圓桌上，一大堆信件中，挑出一封信看著。

男生文輝口音：「親愛的詩雨，昨夜我又看了妳主演的電影，妳一舉手、一投足、一顰一笑，無不使我神馳目眩，不能自己，是我太多情了，什麼萬物都可愛，眾生都有情，害了我！害了我！我如果早日洞悉〝無知比有知幸福，無情比有情快樂〞，我可能不會如此執著、癡迷。可是、可是我真願意如此走火入魔，不能自拔，因為是為了妳，不多寫了，祝妳嫵媚！迷倒眾生⋯。」

詩雨看到這裡，閉眼微笑，喃喃自語：「這個多情的人，是誰？是誰？」

這時徐文輝穿著工人服趨前，咳了一聲。

詩雨睜開眼一怔。

「我是來應徵花工的。」文輝微笑地說。

詩雨這才打量來者。

「看你文質彬彬，不像做粗工的？！」

「我以前經營過花圃，對植花、施肥，可說老手。」

詩雨這才以手示意：「那請坐！」

「大明星面前那有我的位置？！」文輝還是站著回話。

詩雨笑了笑。

「你很會講話。」

「我是因為閒來無事，活動活動筋骨，所以才來。」

「你住那兒？」詩雨問。

「不遠，也是這個社區。」

「那好，花圃不大，一週兩次，修剪整理花木，酬勞一月八千元。」

「這…」文輝支吾。

「嫌少？！」詩雨瞪著他問說。

「不，我願意為妳做義工，不求報酬。」文輝正色答。

詩雨意外，笑了笑說：「為什麼？」

「我不必養家活口，而且經常見到大明星，比多少薪水還合算。」

文輝貼心陳述。

那個女人不喜歡聽巴結奉承，引得詩雨展眉大笑。

「好，我們好像有緣，那就這樣吧！試用一個月，再做定奪。」

「請問，什麼時後上班？」

「明天吧，不過，我得把醜話說再前面，護花也是一種專業，若你不合要求，那……」詩雨的話留了餘地。

「那我就滾蛋！」文輝回得乾脆俐落。

「很好，你說話很乾脆，(叫)珊珊！」

珊珊走了出來，站在詩雨身邊。

「這是我表妹，你需要大剪子、施肥材料，可以向她要。」

「是、是。」文輝心想事成，內心愉悅。

「你可以走了。」

文輝望了詩雨一下，才愉快輕步離去。

遠處，林光慶用望遠鏡看他們。

詩雨想不到這麼快就找到花工，而且不用花錢，當然內心也很高興。

「這個人說：不要酬勞，願意來做義工。」

「這個人有點面熟，好像就住在社區。」珊珊回說。

「他也說了，試試看吧！」詩雨說著又找出第二封信，拿了眼鏡看著。

* * *

文輝回到家，坐立不安，他有個習慣，凡遇到煩心事或愉快的事，就坐家中拉京胡消遣。他剛才能見到心上人，此刻當然喜出望外，所以拉京胡是用輕快歡樂節奏，自拉自唱。

翠翠開門進來，見父親搖頭晃腦，自拉自唱，感覺今天父親與平日不一樣，呆呆站著。

文輝停京胡，偏頭看女兒。

「回來了?!」

翠翠：「爹！您今天心情很好?!」

文輝放下京胡，臉帶笑容：「那可不?」

「中了愛國獎券了?」

「錢算什麼?」

「那是:」翠翠是丈二和尚摸不著頭腦。

「大明星聘請我去做花工，修剪花木。」

「您胡塗!爹是做過部長的，不是丟人現眼?」

「小孩子，懂什麼?不過，妳不能對外人說，我以前做過什麼?」

乖巧的翠翠終於笑了笑說：

「神秘兮兮，好吧，其實爹常說”人生如戲“只要爹心情愉快，我舉雙手贊成。」

「好女兒。」

這時有口哨聲傳來，敏感的父親立即警覺。

「是不是有人叫妳了?!」

「爹怎麼知道?!」

「這很明顯，妳一回來，就聽到口哨聲，是不是那個大明星的兒子?」

「十不離九，哈哈…爹!您老人家真有一套。」

「那可不，沒有兩把刷子，人家會找你去做部長嗎?」

翠翠誠服，投入父懷。

「爹!我以您為榮!」

「來!讓我親一下。」

文輝抱著女兒的腰，在她額頭親了一下。

「早點回來，晚上我們去同心麵館吃飯。」

「是!爹!」

翠翠揮揮手，輕快地走了。

（六）

台生和翠翠自相識以來，第一次出遊，台生似是談情說愛高手。

他拉了翠翠的手，坐上往烏來的公車，一本正經的說：「今天我要帶妳去一個妳從來沒有去過的地方。」

「不會太遠吧？！」

究竟是第一次和男生出遊，她有點擔心。

「靠近烏來，快到了。」

約半個小時到了靠近烏來，在一個偏鄉，山清水秀，鳥語花香的地方下了車。

山溝裡，竟有小魚游來游去。

「哇！我要抓魚！」翠翠叫了起來。

「我就是知道妳喜歡抓魚。」

水溝水不深，清澈如鏡，他倆脫了鞋襪，捲起長褲，下水抓魚，可惜魚兒聰明絕頂，等妳兩手一夾，魚兒溜走了，台生有經驗，抓到一尾，隨手放走，一抓一放，自己取樂。

「你怎麼抓了，又放了？！」翠翠不解地問說。

「那我問妳，抓到魚安置在那裡？我們沒有帶盛魚的器具。」

「說的也是。」

「人們常說：眾生都有情，萬物都可愛，一邊抓到、一邊放生，魚兒也感激你。」

「你懂得很多，你是大學哲學系？」翠翠望著台生問。

「不，我媽是大明星，有時聽大人聊天，也增加知識。」

「不錯、不錯，聽君一席話，勝讀十年書。」

「妳也不錯，出口成章。」

「那當然，你知道我是誰？」

「妳是誰？！仙女下凡了。」他也捧了她一句。

「你媽是大明星，我爹也不是⋯」

「怎麼不說完？」

「我爹吩咐過，不能隨便相告。」

台生怔了一下，兩人一笑。

這時突然一隻公雞，從樹上撲了下來。

他倆抬頭一看，望見兩隻母雞，匍匐在樹枝間。

「雞怎麼會上樹？」翠翠問說。

「這妳就不懂了，鄉下雞都在樹枝上做窩，所以雞肉，也特別可口。」台生解釋著。

「佩服！佩服！」翠翠雙手作了佩服狀。

「你以前常來？」翠翠多心又問了一句。

「和同學來了兩次。」台生坦告。

「是和女同學？！」

「有男有女，大夥一起來的。」

「你臉紅了，心裡有鬼。」翠翠察顏觀色，笑指台生。

這時突然烏雲密佈，遠處有閃電驚雷。

「好像要下大雨。」翠翠望著天。

「那我們快躲雨去。」

他倆連忙取了鞋襪，向一農家奔去。

豆大的雨點傾盆而下。

他倆站在農舍門前屋簷下躲雨。

台生伸手去摟她。

翠翠躲開，站得遠遠地。

台生心生一計，望了遠方大叫：「不好，那邊好像有一隻狗熊！」

翠翠一聽心驚膽顫，害怕叫道：「呃？狗熊？在那邊？」

翠翠一邊叫著一邊向台生靠攏，台生終於一把擁著翠翠。

台生笑說：「有我保護妳，怕什麼？」

翠翠這才知道是受騙，損了台生一眼。

「原來是你騙我的，你壞、你壞！」

翠翠雙手輕捶台生胸。

台生抓住機會，抱緊欲吻。

翠翠以手抗拒。

「你猴急什麼?」翠翠靦靦地說。

台生只好放開手，無奈狀。

「生氣了?!到時候我自然會給你。」

「對不起!」台生一臉愧意。

翠翠望了他一眼，看他嘟嘴，少女的心又軟了，偷偷在他臉頰吻了一下，躲開了。

台生意外，摸著臉笑說:「我三天不洗臉了，哈哈…」

翠翠以食指羞他臉，微笑。

(七)

詩雨門口小桌旁多了兩盆鮮花。

梅子又來訪，與詩雨坐在那邊。

文輝穿著工作服，在近處修剪花木。

珊珊端了兩杯咖啡，詩雨和梅子端杯啜著。

梅子看見兩盆鮮花問著：「咦！好像多了兩盆鮮花。」

詩雨用手指了指修剪花木的文輝說：「喏！是那個修剪花木的義工送的。」

文輝望了望她倆，仍專心修剪花木。

「義工？就是說：免費替妳修剪花木？」梅子有點好奇。

「對！」詩雨答的乾脆。

「天下那有這麼好的事？那能不能替我介紹一下，我也想…」

「行！」詩雨加大聲音對文輝說：「喂！請你過來一下。」

文輝聞聲走近。

「很抱歉，我還沒有請教貴姓！」詩雨和顏悅色說著。

「我姓徐，叫我老徐好了。」

「老徐！這位朋友，也想請你幫忙…」

「我認識，也是大明星。」

「哈哈！我可當不起，聽詩雨說，你是護花義工？」

「對！」

「那能不能也想麻煩你…」梅子試探著。

「請問您住那兒?」

「天母!」

「太遠了，我想怕不能應命，很抱歉!」文輝誠實回絕。

詩雨望梅子笑笑。

梅子碰了一鼻子灰，失望揮了揮手。

文輝退到花圃，再度工作著。

「詩雨!我常常羨慕妳，命中多貴人。」

文輝聞聲一笑。

她倆喝著咖啡。

「化療了吧?!」梅子關心問著。

「去了兩次，聽說化療多，會掉頭髮，會失去記憶，唉!算了，生死由命，富貴在天。」詩雨感慨地說。

「妳倒是想得很開。」

詩雨淡然一笑。

「妳上次說，要做三件事，想好了沒有?」

「妳猜猜看，我報仇的對象是誰？」

「不該是我吧？！」梅子微笑說。

「妳還不夠資格。」

「對了、對了，準是那個狐狸精。」

「我想起她，就讓我咬牙切齒，那個時候，我拍的電影都很賣座，也得了幾個大獎，聲譽之隆，如日中天，有一天，有個母親帶了女兒來拜訪我……」

＊　＊　＊

詩雨回憶著：

這時的詩雨，影劇事業的頂峰，九三軍人節快到了，軍愛民、民敬軍的口號響徹雲霄，影視劇壇紅星，無不熱烈響應勞軍義演，有老兵建議想看看平劇，趙詩雨年輕時候也拜師學過平劇，乃準備了平劇『霸王別姬』舞劍一段，作為演出節目，因此趁拍片空檔，在家練習舞劍，這時的詩雨青春美麗，用紗巾包髮，穿著時尚衣褲，一看就是大明星架式，她丈夫史成家，也長得器宇軒昂、風流倜儻，他喜歡穿著吊帶褲，他在旁掌控留聲機，播放國樂『夜深沉』。

詩雨以柔軟身段，配合音樂節奏，舞起劍來，一曲畢，詩雨已香汗淋淋，丈夫史成家連忙端上熱毛巾，讓她擦汗，並伸出大拇指，對愛妻表示讚賞。

詩雨擦了汗將毛巾丟給成家，微笑說：

「成家！你覺得我練得怎麼樣？」

「佩服！佩服！一舉手一投足，跟平劇名伶差不多。」

「你不要諷刺我。」

「真是的，妳不是平劇科班出身，能練到這個地步，就是名角看了，也會豎起大拇指。」

詩雨得到丈夫肯定，心中也很愉悅。

「主辦單位要我客串平劇勞軍，真是難倒我了。」

「大明星究竟是大明星，沒有什麼能難倒的，老婆！我以妳為榮。」

詩雨笑了笑：「妳就是一張嘴，討人喜歡。」

史成家走前，欲擁吻詩雨。

突然門鈴響了起來。

女傭去開門，大叫：「太太！有人找您。」

一個中年女人，帶了一個如花似玉的女兒，提了大禮進來。

詩雨一看是生人，不免有些訝異。

中年女人說：「詩雨小姐！我是您的忠實觀眾，我這個女兒更是對您崇拜得不得了，要我帶她來拜見您，這點小禮物，不成敬意。」

詩雨：「謝謝！那不敢當，請坐！」

中年女人將禮物交給女傭，就在沙發坐下，女兒站在母親身後，是因拜訪大明星，有點拘束。

詩雨見母女並不認識，問說：「請問妳貴姓？」

「我女兒叫馬秀秀，我是她母親。」

「嗯，好名字。」

史成家一雙色情的眼睛，不時望秀秀。

看得秀秀好不自在，害羞低頭。

中年女人也是見過世面的，坐定後開門見山，話入主題。

「詩雨小姐！您看我女兒長得怎麼樣。」

「不錯，很標致。」詩雨看了秀秀一眼，敷衍著。

「謝謝誇獎！」秀母對詩雨謝後，又輕聲吩咐女兒。

「秀秀！妳走一下台步，讓大明星阿姨看看。」

秀秀有點猶豫。

母親向秀秀示意。

秀秀這才直線來回走了一趟。

詩雨看這個女兒步調有緻，問了一句：「妳女兒好像練過台步？！」

「真有眼光，我們秀秀從小練過芭蕾舞。」秀母順勢討了一下好。

「難怪台步走得那麼好，對了，妳剛才說她叫什麼？」

「叫秀秀，名字很俗氣。」

「不，好記，好聽。」

秀秀母親這才看了看史成家。

「這位是…」

「是我先生。」

秀秀母親連忙站起，行了半鞠躬禮：「我，我失禮了。」

成家連忙笑說：「不要客氣。」

女傭端上茶。

詩雨望了望秀秀說：「秀秀！妳也坐吧！」

秀秀看了看母親。

母親點點頭。

秀秀這才在母親身邊椅子坐下，兩腿交叉靠攏，標準坐姿。

詩雨喝了一口茶問說：「妳們突然來訪，是有什麼事嗎？」

秀秀母親笑了笑，考慮俄頃才說：「我想請問一下，您是大明星，閱人無數，您看我這個女兒，能不能走上娛樂這條路？」

詩雨笑了笑說：「我可不敢當，不過，看她相當標致，身高也均稱，是個好人才。」

秀母順勢對女兒說：「秀秀，還不謝謝阿姨？！」

秀秀乖巧連忙站起，對詩雨行了鞠躬禮。

「謝謝阿姨誇獎！」

秀母是個精明的女人，時機！要抓住時機，人家不是說：「一等人創造機會，二等人把握機會，三等人等待機會，四等人推開機會」她要把握機會，於是她把來意說了出來：

「詩雨小姐！我有個不禮貌的懇求，可不可以請您高抬貴手，提拔提拔！」

詩雨還不明白她真正意圖。

「妳的意思是…」

「秀秀能不能在您麾下，做助理？！」

詩雨望了望丈夫史成家。

成家微笑點點頭。

詩雨說：「前個助理剛好結婚去了。」

秀秀母親一聽，眉開眼笑說：「太好了，來的是時後，那就敲定了吧？！」

詩雨也很高興回說：「這、這，我跟這個妹妹好像有緣份。」

「秀秀！快跪下拜師！」秀秀母親站起對秀秀說。

秀秀立即應命對詩雨跪下叩頭，聰明乖巧的秀秀，一如母親一般甜言蜜語說：

「老師，請多提拔。」

詩雨一臉笑容，扶起秀秀。

「秀秀！也謝謝這位大哥。」母親又提醒秀秀。

秀秀向史成家行鞠躬禮。

史成家連忙搖手微笑說：「不敢當、不敢當。」

「當得起，今後我們秀秀就是您們小妹妹，請多指導她、提拔她。」

秀秀的母親想不到，這麼有機緣，三言兩語就心想事成，內心的喜悅，不言而喻。

詩雨也感到，剛好缺少人手，就從天下掉了下來一個幫手，也喜出望外。

「這樣吧，這兩天就來上班。」

「我還得請一桌酒席，正式拜師，請長輩做見證人。」秀秀母親鄭重其事。

成家道：「這太莊重了。」

「這是我們秀秀一生大事，明天有空嗎？」秀秀母親打鐵趁熱，徵求意見。

詩雨點點頭說：「不過，我要把醜話說在前頭，做助理是很辛苦的，整日陪著我，一邊見習，還要等時機成熟，我會建議導演，讓妳演個小角色，以後就看妳的造化了。」

秀秀母女愉悅站起：「那就謝謝了！」秀秀母親說。

詩雨和史成家送到門口，成家特別拍了拍秀秀肩：「秀秀將來一定成為大明星！」

「那您留個電話，幾天後來報到。」

秀秀從手提包一個筆記本上，寫了電話號碼，然後撕下一頁，交在詩雨手中。

「謝謝老師！」秀秀母親說。

「也謝謝大哥！」秀秀望了望史成家。

眾人一笑。史成家更是暗自愉悅，表露無遺。

＊　＊　＊

詩雨想起這段往事，還是氣得咬牙切齒。

梅子有點幸災樂禍，說了一句風涼話：「就這樣，妳找了個狐狸精?!」

「那個時候，我怎麼知道，這對母女是黃鼠狼給雞拜年，開始一段時間，的確乖巧，大姐長、大姐短，把我捧上天，辦事能幹靈敏，凡事不用交待第二次，她就辦得順順當當，對同事和睦相處，對編劇、導演崇敬有加，大家羨慕我找了個好幫手。」

「那是，我就沒有妳幸福。」梅子故意揶揄了她一下。

詩雨啞笑了一下，攏攏頭髮。

「幸福嗎?她是有心機的，我這個人一向大度，我真心對她，有時候拍片，因時間關係，也常住在我家客房，我以姊妹相稱，想不到…」

「想不到什麼?有好戲了?！」

詩雨接著說：「有一次，我無意中發現我先生，順手摸了她一下臀部，這引起了我的戒心，怕引狼入室，想不到…」

「想不到什麼？」梅子故意引出話題。

「有一次，趁我入室沐浴，她們竟演出一場戲…」

詩雨又回憶往事：

詩雨拿了浴巾、內衣褲、進入浴室。

成家坐在臥室沙發上看晚報。

秀秀推門進來。

「姐呢？」秀秀四週觀望。

成家指了指浴室。

秀秀放下皮包。

成家就一把擁著她、吻了她了。

詩雨也有了戒心，一邊放浴缸熱水，一邊側耳傾聽。

秀秀故意大聲說著：「姐夫！你不要這樣，姐對我很好，我不能對不起她！」

只見秀秀兩手互拍，疑似打耳光。

成家也大聲叫著說：「妳怎麼打我？！」

詩雨覺得丈夫雖然好色，但秀秀忠心對她，歪歪嘴也覺欣慰。

詩雨回憶到這裡，停了停，拿杯喝水。

「後來怎麼樣？」

「我受騙了！」詩雨搖搖頭說。

「受騙了？！妳這麼聰明也會受騙？」

詩雨怒目說：「我又不是神仙，我怎麼知道是一場戲。」

「後來又怎麼拆穿？」

「是有一次，他們笑談中，被我偷聽到的，我大為意外，但是她跟了我一年，很多事都是她經手，不能立即請她滾蛋，但我偽稱有親戚來住客房，要騰出來，不能再住我家了。」

梅子聽後諷譏的笑了笑。「這樣看起來，她的確是個精靈鬼怪的演員。」

「可不是，在我眼前，她百依百順，背後卻和我先生暗通款曲，捅我刀子，我還蒙在鼓裡，還特別拜託導演讓她演個小角色，笨，想起來就氣。」

＊　＊　＊

(仍是三十年前的往事)

秀秀這天回到家，母親拉著她問長問短。

「秀秀！妳在詩雨麾下做助理，已經一年了，情況怎麼樣？」

秀秀微笑了一下：「蠻好的。」

「有沒有有時客串一個角色？」

「聽趙詩雨說：已和導演打過招呼。」

「太好了，妳快要熬出頭了，秀秀！妳看見過老鷹在天空飛翔嗎？」

「媽什麼意思？」秀秀雙目盯著母親。

「這點妳就不懂了，老鷹開始停在地上，是在等空中熱帶氣旋。等氣旋一來，牠就乘風而起，才能翱翔於天空。」

秀秀搖搖頭，一頭霧水。

母親拉了秀秀的手，親切的說：「妳剛才不是說，趙詩雨已向導演編劇打了招呼，我們要乘勢把握這個機遇。」

「媽是說…」

秀秀母親大叫了起來：「送禮！送大禮給導演編劇，在劇中加一個重要角色，妳呢？賣力演出，不就…」

秀秀一想，媽媽的話的確有點道理，世上不是有人說”拿人手短、吃人嘴軟“誰不喜歡別人巴結，但究竟是年輕膽小，不敢表示意見。

「好女兒，走！我們馬上去選購禮物。」

「這不大好吧？！」秀秀還是猶豫不決。

「有什麼不好？有人常說：”千穿萬穿，馬屁不穿“他們拿了大禮，還不…，走！我的大小姐！」

秀秀母親一把拉著秀秀的手，出門了。

果然編劇導演拿了人家好禮，兩人祕密在劇中安排一位少女，因感情刺激，精神錯亂，時哭時鬧、時悲時喜，測試秀秀演技，二也是看她的造化，如果演出成功，是否連戲，再作定奪。

秀秀使出渾身解數，讓編劇導演肯定，使導演刮目相看。

以後秀秀常客串演出，報上也登了她的劇照，她母親看她快冒出頭了，夜夜燃香拜觀音菩薩，請菩薩顯靈，助秀秀一舉成名。

當然秀秀母親也送詩雨大禮，還當詩雨的面告誡女兒，這是詩雨大姐大力提拔，妳要飲水思源，不要忘了詩雨栽培之恩。

（八）

「這些事情妳怎麼知道？」梅子聽了這些話問詩雨。

「天下沒有不通風的牆，有的是秀秀和我先生聊天透露，有的是秀秀母親好友傳給我，女人都是長舌婦，誰能保密。」

「那這樣看起來，秀秀母親卻是有一套，而且還通情達禮。」

詩雨撇了撇嘴說：「誰知道？表面看來，她是要女兒別忘了栽培之恩，說不定暗中又搞什麼鬼。」

梅子望了詩雨：「怎麼這麼說？」

「唉！」詩雨嘆了一口氣：「可是女兒還是我行我素，有一次我們參加化妝舞會，我就發現她和我先生擁吻，當時被我拆穿，他倆說是認錯人了，經過這次事件，我多了一份防備。」

「後來又怎麼發現他們不軌的？」梅子有心挖到底。

「唉！還提這些幹什麼？」

「好戲啊！好戲怎麼能不提？」梅子緊咬不放。

「好吧！索性我把這件醜聞說給妳聽。」

*　*　*

詩雨回憶著：

「那是一年以後事了，秀秀已有點名氣，秀秀仍然擔任我的助理，那是殺青戲，她突然說：家中有事，告半天假。這天我的戲特別多，副導來幫我忙，照研判可能拍到深更半夜，後來因為對手的演員，出了車禍，殺青戲順延，輕輕鬆鬆打道回府……」

梅子專心聽著：「怎麼不說了？怎麼樣？」

「想不到！想不到！」詩雨怒目說著。

在一旁花圃修剪花木的徐文輝，亦側目傾聽。

(仍在回憶)

詩雨因怕拍片到深夜，不便叫自家車司機等候，便叫了一輛計程車回到家。

她拿鑰匙開門，走入客廳，突然看見客廳沙發上有女人衣物，她吃驚了，化妝箱往沙發上一拋，就去開臥房的門。

床上史成家與秀秀裸著上身，用被單遮身，張惶失措。

詩雨怒道：「好！終於被我逮到了！」

「詩雨！這是第一次，原諒我們吧！」史成家一臉愧意。

秀秀嚇得全身發抖，輕聲叫了一聲：「大姐！」

「好、好得很！」

詩雨氣昏，考慮如何處置！

史成家連忙促秀秀：「快！妳快走！」

史成家與秀秀慌忙穿內衣褲。

詩雨氣得轉身走出，坐在客廳沙發上。

史成家穿好衣服，快步溜走了。

秀秀披頭散髮走出，想去拿沙發上的衣物。

「妳就這樣走了？！」詩雨喝阻。

秀秀站在詩雨面前，還想辯解：「姐！原諒我們吧！這是第一次，他硬纏上我，我沒有辦法。」

詩雨怒目站起。

秀秀退後一步。

「那我問妳，妳們好了多久了？」

「一年多了！」秀秀倒是坦白。

「轟！」一聲，詩雨差點暈倒。

「妳們好了一年多了？把我當死人，厲害！我太佩服妳了，假仁假義，瞞了我一年多，我恨！我恨我自己心地太善良。」詩雨氣得自己打耳光。

「姐，我錯了！」秀秀含淚低頭。

「妳還知道錯？！」詩雨又怒目相對。

詩雨一步步緊逼。

秀秀一步步退，退到一跟柱子邊。

詩雨見地下有跳繩，一下搶過手，三兩下就把秀秀綁在柱子上了。

秀秀看情形緊迫，連忙求饒：「姐！您饒了我吧？」

「不要喊我姐！妳不配！」詩雨怒吼著。

詩雨看見角落牆上，掛了馬鞭一條，箭步搶在手上。

秀秀見狀，連忙搶說：「妳不能打我！」

「為什麼？」詩雨盯著秀秀問。

「因為我懷孕了，懷了成家的種。」

詩雨一聽，更是咬牙切齒。

「好！那就嘉獎妳吧！」

詩雨在秀秀身上一鞭抽了下去。

「妳打！妳打吧！」秀秀也怒了。

「妳以為我不敢打？！婊子！偷人的婊子，打妳、打妳！」詩雨氣極，一鞭鞭抽了下去。

秀秀痛得哇天鬼叫：「妳還不是一樣？跟男人搞七捻三，妳以為我不知道？」

詩雨更氣，一鞭抽在秀秀臉上，秀秀白嫩的臉上，立即出現一條血痕。

秀秀索性反抗強嘴：「妳打吧！有種！把我打死好了，不然我一定會報復，我會加倍要妳還債！」

詩雨怒不可遏，正想盡力再抽，以便出了心中那股怨氣，不料舉起鞭，突然頭暈眼花，跌坐在沙發上。

史成家這時跑進，解開秀秀繩索，取了秀秀衣物，扶秀秀奔出，詩雨怒叫：「滾！滾！全給我滾！」

詩雨傷心痛哭。

* * *

詩雨說到這裡，仍然情緒激動，取手巾擦淚。

聽得徐文輝心疼不已。

梅子呢？張口結舌，不知如何勸慰。

梅子還是先開口：「後來，就這樣和妳先生分開了？！」

詩雨擦了淚說：「這是我命中劫數，破鏡還能重圓嗎？從此我對男人充滿戒心，天下男人沒有一個是好東西。」

徐文輝聽了詩雨這句話，詭譎一笑。

梅子說：「後來，那個狐狸精，真的力爭上游，跟妳拼上了。」

詩雨說：「我那個男人一病不起，他搭上了過氣的政壇名人，替她撐腰，我拍什麼戲，她也拍類似題材的戲，跟我拼上了，報上影劇版，不時報導，也因為誹聞不斷，名聲大燥，成為觀眾茶餘飯後的笑料。」

「我看還是妳們兩人爭取民間企業家的〝金像獎〞女主角最為轟動。」

「對，那時我們兩人都入圍，正式成為敵對，不幸我敗陣下來了。」詩雨說。

「她當選了最佳女主角，從此多年聲譽不墜。」

「我打了她一頓，反而變成鞭策他奮鬥努力的良藥，我是作夢也沒有想到。」

詩雨感慨地說。

花圃志工徐文輝聞聲，也搖搖頭。

「從此，她日正當中，而妳……」梅子因感而說。

「江河日下。」詩雨笑了笑：「我擠進經濟這一塊，也有斬獲，夠了，年齡大了，一切事情都看開了。」

徐文輝欣慰地笑了笑。

但是梅子還是舊話重提：「妳不是說，有仇要報仇嗎？」

「那個狐狸精，現在近況怎麼樣？」

「前個時候，誹聞不斷，影片不賣座，情況不大好。」

「她是個人才，但是品行不端，三年換一個男人，背後很多人指她是路上的尿桶。」

「這個比喻太惡毒了。」

「不！我覺得她當之無愧。」詩雨恨之入骨。

梅子笑了笑。

正在修剪花木的徐文輝也不忍搖頭。

「妳知道她現在住那兒？」詩雨問梅子。

梅子搖搖頭。

「我會請徵信社去找。」詩雨下了決心。

「算了、算了，事情過去多年，妳還真的要報仇？！」

詩雨瞪了梅子一眼說：「妳是不是她請來的說客？」

梅子連忙否認：「不！我是那種人嗎？！」

詩雨這才結束與梅子對話，喝了一口茶，默然望著遠方。

（九）

「小而美」別墅山腳下，徐文輝與林光慶投資經營的「同心麵食館」正熱鬧異常。

老人才藝表演，眾多食客適時熱鬧鼓掌。

這時台生與翠翠手拉手進入。

林妻招呼入座。

「翠翠！妳知道這家的餐廳的特點嗎？」台生以為翠翠是首次光臨。

「我知道，特點是一條長長的麵食，中間有個同心結，誰先吃了同心結，就能制伏對方。」翠翠答。

台生笑了笑：「我們要不要也試一試？」

翠翠爽快答應：「好！誰怕誰？」

台生拍手招呼。

林妻連忙接近。

「兩碗同心麵。」台生說。

「好啦！」林妻笑著走開。

老人才藝表演完畢，又獲得眾人鼓掌。

麵還沒來，台生找話講：「翠翠我們認識不算短了，我還不知道妳府上還有什麼人？」

「到時候我會告訴你。」翠翠望了他一眼說著。

「神秘兮兮。」

但是台生還是不甘心，又問：「妳父親是幹什麼的？」

「調查戶口？！」

台生碰軟釘子，兩手一攤洩氣地說：「算了，別自討沒趣。」

翠翠看台生有點掃興才說：「其實上次游泳你救了我，我爹和我還特地去府上道謝，可惜你們不在家。」

「大概碰巧我媽出去了，而我兩個禮拜才回來一次，想妳也是。」

「功課忙，而且此地是山區，來往不方便。」翠翠說了真話。

「妳總是有理由。」

「少爺！到時候我也會坦白的向妳報告。」

這時候林妻淑娟用托盤，端了兩碗麵進來。

淑娟特別說明：「這是兩碗同心麵，有一條長麵，當中打了個結，兩人同時吃麵，誰先吞食同心結，就能制伏對方。」

兩人聽後均感新鮮，準備就食。

「請林媽媽喊口令！」翠翠來過一次，認識老闆娘。

淑娟笑了笑，大聲喊著：「準備！開始！」

翠翠台生大大吸了一口。

翠翠搶到同心結吞了下去。

「哈哈！我贏了！」翠翠用筷指了指台生。

「十次有九次，都是女的贏，不知道什麼原因？」林妻笑說。

「什麼原因？女人精明唄！」翠翠立即答腔。

「告訴妳，是我們男人謙讓，你懂不懂？」台生反唇。

翠翠愉快吃著麵。

＊　＊　＊

詩雨又坐在門口小圓桌旁，看報紙。

老徐穿著工作服，修剪花木，不時看詩雨一眼，這個男人癡情的可以。

珊珊下山購買日用品上來，後邊跟了個中年男子。

珊珊走到詩雨身邊說：「表姐！徵信社有人找你。」

詩雨摘下老花眼鏡，詩雨望著徵信員。

「怎麼樣？馬秀秀找到沒有？」

徵信員雙手呈上一張紙答說：「找到了，這是地址。」

詩雨又戴上老花眼鏡看資料。一邊以手示意，請徵信員在對面就坐。

「聽說馬秀秀要辦一個活動。」徵信員補了一句。

「哦！又不甘寂寞，製造新聞，在什麼地方？」

「這個星期天上午，在他住家門口公園。」徵信員消息靈通。

詩雨摘下老花眼鏡，對徵信員說：「好！我知道了，酬勞等我確實找到人再付現。」

「當然，當然，那我走了。」徵信員微微招呼一下，退了。

修剪花木的老徐，聽得一清二楚。

＊　＊　＊

一個小公園，樹木蔥綠，一角有不少女性外勞，推著輪椅，坐著行動不便的老人。公園正中，有一小型舞台，少許椅子，可讓遊者坐下休息。

舞台中央掛了一條紅布白字橫屏，寫的是「榮譽轉讓」四字，一張長桌放著一尊金光閃閃的〞金像獎〝。

秀秀當然也年歲不小了，半頭白髮，面目憔悴，衣著陳舊，看去仍然稱得上是資深過氣美女，秀秀由老母陪同出現。

男女年輕記者拍照，閒散遊者男女，也搶坐在椅上。

秀秀站在長桌中間，致詞：「各位記者小姐、先生，以及各為父老兄弟姊妹！秀秀由於息影多年，出於無奈，將最高榮譽的〞金像獎〝出讓，不知有那位慧眼看上，作為新的榮譽得主。

這時詩雨帶墨鏡由珊珊陪同站在後排。

一位女記者提問：「請問多少酬金，妳才肯出讓？」

秀秀考慮一會答：「我說過是出於無奈，這座〞金像獎〝是我一生努力的最寶貴象徵，我實在捨不得。」

一位男記者立即搶問：「既然捨不得，又何必出讓？！」

秀秀有點為難，一時不知如何回答，呆了一下才說：「這⋯我有點面紅，其實不好意思說出口。」

秀秀老母忙搶過麥克風：「我來說吧！我們心中想的是新台幣五十萬，當然如果那位善心人士，慷慨解囊愈多愈好。」

眾人聽了後，交頭接耳，輕聲交談。

又有一位女記者問說：「我懂了，是為了生活所迫？！」

另位男記者因感而發問：「既然是最高榮譽，獲得不易，為什麼拿出來轉讓，那不是對當年頒獎的企業家不敬，也是對企業家一番好意的侮辱？！」

詩雨一聽，立即鼓掌。

這才引起秀秀注意。

「請問這位大姐，我們曾經相識嗎？」

「不但相識，而且關係非常。」詩雨答。

秀秀母親連忙招呼：「請這位大姐，取下太陽眼鏡，坐到前排來好不好？」

「不必了，我就站在這兒，看你現世報！」

秀秀和老母吃驚了，秀秀怒目望了望詩雨，大聲問著：「妳究竟是誰？」

詩雨語氣仍然平和地說：「我嘛！以前是妳的恩人，也是妳的仇人！」

詩雨這才摘下墨鏡，立即被一年輕男記者認出，大叫：「喂！她是大明星，有好戲看了。」眾記者聞訊立即圍著詩雨，閃光燈拍照。

秀秀極為意外，她沒有料到，會引來麻煩。

「是妳？！妳不是在國外嗎？」

「妳倒是常注意我的行踪，謝謝了。」

「妳來幹什麼？是故意來搗蛋？！是故意來看我笑話？！」

詩雨仍然和顏悅色說：「秀秀！這座〞金像獎〝對我們兩人來說，意義深長，就是這座〞金像獎〝把我打敗了，從此你坐上最佳女主角寶座，風光一時，我呢？一蹶不振，江河日下，（舌尖聲）嘖嘖…妳怎麼捨得？」

秀秀語塞，呆在那邊。

「秀秀！當年妳做我助理的時候，那種企圖心那裡去了？」

「我…」秀秀心亂如麻。

詩雨還是緊迫相逼：「後來傳言，本來這座”金像獎“，照評審意見應該是頒給我，因為妳放浪不羈，用肉體爭取來的，是不是啊！」

秀秀氣極，大叫反駁：「胡說八道，我是真材實料，演技得來的！」

詩雨潮笑地說：「是啊！妳對男人的演技，是首屈一指，我甘拜下風。」

秀秀一臉怒色大叫：「妳是瘋子！瘋子！來人啦，快把她攆出去！」

詩雨仍然平和地說：「各位記者小姐！先生！當年她做我的助理，拜我為師，我一心栽培她，成為第二女主角，她卻昧著良心，引誘我的丈夫，用美色引誘影壇前輩，使我婚姻破裂，使我影劇事業受阻，好，妳要轉讓這座”金像獎“是不是？新台幣五塊錢，妳讓不讓？！」

秀秀氣得精神錯亂，對眾大叫：「瘋子！瘋子！」

「本來這座”金像獎“是無價之寶，是影壇最高榮譽，但是頒給妳，變成一文不值！」

秀秀抱頭大叫：「不要說了！不要說了！給我滾！滾！」

秀秀失去控制，將長桌掀翻，”金像獎“立即滾下地。

秀秀摀臉痛哭。

詩雨則哈哈大笑，由珊珊陪同離去，因高興過度，差點摔了一跤。

徐文輝一直戴墨鏡在後邊觀看，想去攙扶，走出兩步又止。

秀秀還是一邊痛哭，一邊罵著：「瘋子!瘋子!」

老母拾起"金像獎"用衣袖擦了擦灰塵，又用嘴唇吻了吻，愛如至寶，然後攙扶秀秀走出。

男女記者，閒散人眾，也漸離去。

*　*　*

詩雨、梅子坐在門口，詩雨面露得意之色。

梅子伸出大拇指讚詩雨。

珊珊端來切成小塊水果，兩人吃著。

「好!可以了，這比捅他刀子還厲害!」梅子說著。

珊珊插口說:「我也勸表姐,能收手就收手了,也夠那個女人傷痛一陣子了。」

「詩雨!妳沒口出惡言，達到報仇的目的，我衷心佩服妳。」梅子說。

「我演了一輩子的戲，見識也不淺，不是白活的。」

詩雨說到這裡，突然感到肚子隱隱作痛，用雙手摀肚，閉目忍痛。

「最近表姐常常肚子酸痛。」

「醫生有沒有開止痛藥?」梅子問。

「有的，一日服三次，可是…」

珊珊未說完，詩雨手一揚，阻止感嘆著:「唉!醫生只能醫病，不能醫命!」

梅子看了看詩雨說:「又來了，想開一點吧!」

「說也是，她也怪可憐的!」詩雨說。

「妳心裡還是想著那個狐狸精，妳看妳看!妳的菩薩心腸又露出來了。」梅子望著詩雨，這個女人是精明鬼，也摸透了詩雨的心。似乎有話要說。

「我猜妳好像想…」

「想什麼?」詩雨問。

「那座”金像獎“本來是妳的,頒給她是意外,妳是不是想把它買回來?!」

詩雨用兩個手指，打了一個响聲。

梅子面目微笑說:「我猜中了?!」

詩雨點點頭說:「她開價五十萬，我要用一百萬買回來，比打她十幾個耳光還過癮，珊珊!明天妳提一百萬，去試試看。」

次日，珊珊真的提了新台幣一百萬元，來到秀秀住家。

這是一間過氣的客廳，一個日漸沒落的明星的住所，設備陳舊不堪，一張發黃秀秀親自領取〞金像獎〝的放大照片，掛在牆上，是唯一珍貴的紀念。

珊珊提了一個皮包，站在那邊。

秀秀老母捧著〞金像獎〝望著珊珊。

秀秀披頭散髮衝出，一把搶過〞金像獎〝抱在懷中，不忍捨棄。

「一百萬元！比妳開價多一倍，妳還是不轉讓？！」珊珊說著。

「旁人可以，她，趙詩雨就是一千萬、一億，我也不稀罕！」

珊珊笑笑說：「有志氣！既有今日，何必當初？那我走了。」

珊珊正要轉身走出。

秀秀老母大叫了一聲：「請等一等！」

珊珊停步回望。

老母對秀秀說：「秀秀！家無隔宿之糧了，房租、水電都要開支，而且妳有病在身，看醫生、打針、服藥，那一樣不需要錢？」

秀秀雙淚直流，考慮俄頃，毅然將〞金像獎〝塞給母親嗚咽入內。

秀秀母親將〞金像獎〝交在珊珊手中，又接受一皮包錢。

珊珊拉開皮包拉鍊：「要不要數一下？！」

「不了，謝謝！」

珊珊將〞金像獎〝捧在懷中，吻了〞金像獎〝一下，驕傲的笑著步出。

秀秀母親看看皮包內的錢，感慨的說：「怪誰呢？有錢亂花，從來不知節儉，才落的這個地步。」

(十)

這日，陽光普照，詩雨心情特別愉悅，她把寵愛小犬咩咩抱放在雙腿上，又將放在小圓桌的〞金像獎〝抱起，〞金像獎〝大概經過擦洗，更是金光閃耀，她終於獲得這座〞金像獎〝，疼愛有加，摸了又摸，親了又親。

在花園修剪花木的徐文輝，看了不禁莞爾。

小犬咩咩也和文輝混熟了，文輝向牠招招手，小犬跳離詩雨，向文輝奔去，在文輝身邊嗅了又嗅，文輝抱起牠，撫摸，狀至親熱。

詩雨見狀，笑了笑說：「咩咩跟你混熟了。」

「我以前也養過貴賓犬，我身上有狗的味道。」

「這麼多年，也有狗味道？！」詩雨隨便問說。

「也許我，一生善良，容易相處。」

「哈哈！自賣自誇！」詩雨不禁笑了起來。

詩雨為了愛現，對著老徐說：「老徐！你知不知道，這是什麼獎？」

老徐走近看了一眼說：「是民間企業集團頒發的”金像獎“。」

詩雨一聽意外：「噫！你怎麼知道？」

「當然知道，他們還推舉我做會長，我不幹！」

詩雨更是意外：「什麼？你說什麼？」

老徐連忙摀嘴，輕說了一句：「好險！」

詩雨站起來望老徐。

老徐連忙掩飾：「噢！我是說：他們推薦我東家做會長。」

「你曾經在企業單位待過？」詩雨問。

老徐點點頭：「那些有錢人，目中無人，自大，我看不過去，所以不幹了。」

詩雨釋然：「你倒是良禽擇木而棲。」

老徐伸出大拇指讚她：「小姐有學問，出口成章。」

詩雨聽了這句奉承的話，不禁哈哈大笑起來。

正這時一個面熟的青年徵信員走了進來。

詩雨問說：「有消息了？！」

徵信員從皮包內，取出一張紙呈上。

「那個張總經理，住在台北縣郊區，情況不是很好，這是他住家的地址。」

詩雨接過來，看了一下說：

「等我去過，你再來收酬勞。」

「是，當然，那我走了。」

老徐在旁耳聞反應。

（十一）

按地址詩雨找到了台北縣郊區一處，舊眷村的邊間，一棟平房小屋，斑剝的木紅門虛掩著，好似有人外出未歸。

珊珊扶著詩雨推開門，有個不大的院子，雜草叢生，久未整理，有個白髮老人，穿了舊青年裝、布鞋，正在打著太極拳。

詩雨與珊珊進來，應該有腳步聲，老人沒有察著，仍然自顧自打著太極拳。

詩雨怕弄錯，走到老人面前看了看，不禁心中一顫，是他！是他！當年的大恩人，是她乾爹，不過已老得不像樣了，一臉滄桑，兩眼緊閉，兩個眼袋，使雙眼深陷，她心中有些愧疚，雙眼濕了。

門口老徐跟蹤而至，他張望了一眼，就站在門口附近，沒有進入。

詩雨拿了手絹擦了擦眼淚，才輕聲叫著：「張總！」

張總好像沒有聽見。

詩雨大聲一點，叫了一聲：「張總！我是詩雨，看您來了。」

張總轉過身，仍打著太極拳，雙眼眨了眨說：「妳說什麼？我耳背，聽不清楚。」

詩雨這才走到張總身邊，大聲說著：「我是詩雨，看您來了。」

張總搖了搖頭：「我不認識。」

詩雨聞聲一震：「當年您鼎力提拔，才使我能吃這口飯。」

張總！用手張耳說：「妳說什麼？」

詩雨又靠近他身旁，大聲說著：「我是妳的乾女兒，名叫詩雨！」

張總這才聽清楚了，停止打拳，轉身注視眨了眨眼睛，質疑地說：

「詩雨？！」

詩雨吃了一驚：「您眼睛？！」

「青光眼，全瞎了。」張總說。

詩雨更是一驚，連忙抓住張總雙手說：「怎麼會？怎麼會？」

「倒楣啊！人倒楣，連喝開水都會塞牙。」

這使大明星詩雨太意外了，連忙和珊珊扶住張總，坐在一旁的石凳上，詩雨也坐一邊，兩眼泛紅，哽咽地握住張總的手說：「乾爹！我是詩雨啊！您還記得嗎？」

張總點點頭：「慢慢我想起來了。」

「乾爹看不見，那摸摸我的臉。」詩雨哽咽地說。

「不太禮貌吧？！」

「沒有關係，我是您乾女兒啊！」

張總訝異眨了眨雙眼：「新鮮，現在世態炎涼，誰還承認一個殘廢的乾爹！」

「請不要這麼說，我是特地來拜望您的，您摸摸看。」

老徐在門口窺視感動。

詩雨抓了張總的手，放在她臉上。

張總這才小心翼翼地摸著詩雨的臉龐。

「我記起來了，三十多年以前的事了，那時，我看中妳，要妳挑大樑當一部電影的女主角，很多長官都反對，我卻堅持，若不稱職，電影不賣座，我就辭職下台。」

「是的、是的，我也聽說了，張總！乾爹！我一直沒有忘記了您。」詩雨感動的說。

張總露出一絲微笑：「傻丫頭！謝謝你了。」

珊珊也賣乖適時加了一句：「張伯伯！真的，我表姐常提起您。」

「她是妳表妹？！」張總問。

「是、是我表妹陪我來的，乾爹！您還好嗎？」

張總頓了頓才說：「妳一進門不就看出來了?!家徒四壁、一身殘廢。」張總話語淒涼。

「那夫人呢?」詩雨問。

「他和女兒搬出去了，住在別處。」

「那誰來照顧您?」

「以前我家幫傭的江大嫂。」

「我想起來了，半邊臉燙傷，人見人怕的江嫂」

「只有她、只有她，這許多年不離不棄，這個女人心地比誰都好。」張總擦了擦淚。

「那她人呢?」

「大概去市場買菜去了。」

「那您生活該可以過得去?!」詩雨關心的問說。

「還好，我以榮民身份，每個月一萬三千生活費。」

「以前，您夫人不是很會做生意?」

「賺了不少錢，都被她帶走了。」

詩雨聽後，一陣心酸，差點哭出聲來。
停一會，張總才問：「詩雨！妳今天來，有什麼事嗎？」
詩雨擦了擦眼淚答：「想念您啊！您是我一生最大的貴人，最重要的恩人。」
張總笑了笑：「傻丫頭！人家避都來不及，妳還記掛我這個一貧如洗的糟老頭！」
詩雨突然跪下，雙淚直流，哭著說：「乾爹！我不知道，若是早知道您這個處境，我早來拜訪您了，是我的錯，我該死！我該打！」
詩雨一個耳光想打自己，被張總抓住，也感動地老淚直流。
「詩雨！別、別。」一邊擦著淚水。
「乾爹！這許多年來，我混得不錯，今後我要全力照顧您。」
「別！別！」張總搖手。老徐在門口豎了大拇指。
張總感動了，從口袋裡拿手絹擦淚說：「不必了，妳有這份心，我就安慰了。」
「是真的，我已經決心，以後每個月，我奉養您新台幣兩萬塊，直到您百年。」

「傻丫頭！我不敢當！別！」張總還是拒絕著。

詩雨這才站起，擦眼淚說：「就這麼決定了，乾爹！我要看看好心的江大嫂！」

「大概快回來了。」

詩雨環顧四周，院子不大，但雜草叢生。

「這院子雜草叢生，改天，我叫花工來整理一下。」

門口老徐一聽，才離去，不再出現。

「待會我們去五星級餐廳用餐。」詩雨說。

連忙搖手：「不、不，千萬不可，我這個樣子，多年沒去過大餐廳。」

「那我叫表妹去大飯店叫菜送來。」詩雨建議說。

張總又擦淚：「詩雨！妳這丫頭，太令人感動了。」

門外有自行車鈴聲傳來。

張總說：「大概江嫂回來了。」

詩雨向門口望去，半部自行車前輪隱現。

（十二）

自行車鈴聲頻響「鈴鈴…」

張總立即笑著說：「江嫂回來了。」

江嫂與一約二十歲的少女，推門進入院子。

江嫂看院子來了客人，連忙從衣袋裡取出半邊面罩，套在頭上，以遮掩半臉燙傷疤痕。

原來這位少女，就是張總唯一獨生女，名叫「小文」。

小文對著一臉笑容的父親，叫了一聲：「爸！」

張總：「女兒！好久不見了，怎麼和江嫂一同來？」

小文：「我去菜市場買點東西，無意中碰到江嫂，我也很久沒有看見爸了，所以一道來了。」小文說著立即去父親身邊，抓其胳膊，極其親暱。

張總：「嗯！好女兒，難得妳還沒有忘了爸。」

小文：「當然！您是我爸耶，雖然我媽強逼我跟她搬出去，我的心是在爸這邊。」

張總顯然有點感動，撫摸小文長髮，一邊說：「女兒！今天我這個破廟，來了貴客，妳認出來沒有？！」

小文和江嫂呆呆望著詩雨。

詩雨微笑以對。

江嫂立即歡快大叫：「原來是大明星光臨了。」

詩雨點點頭，微笑說：「老了，難得妳還記得？！」

江嫂：「怎麼不記得？您是紅遍港台的大明星，以前常塞給我大紅包。」

小文這才熱烈抓住詩雨的手說：「趙阿姨！不對，我以前喊妳趙姐！還是叫妳趙姐吧！哈哈！今天我來對了。」

詩雨也撫其髮，表示親熱，還退後一步，定睛望小文，對張總說：「小文長這麼大了，而且是一位美女，乾爹！我真替你高興。」

張總聽了詩雨誇說小文長得不錯，內心也很欣慰。

小文調皮地說：「可惜，我時運不濟，若是我在三十年前出生，我爸還是在台上，再加上趙姐帶領提拔，我也許能成為三流演員。」

張總用手指了指小文：「口無遮攔，不知羞恥。」

詩雨：「不！我覺得小文挺可愛的。」

「哈哈！趙姐！我喜歡您！」

這麼一來，多年不見的人，一下子親暱起來了。

張總還是關心老妻：「小文！妳媽還好吧？！」

小文：「不好！」

張總：「怎麼不好？！」

小文：「打牌輸了，回家就一直罵爸。」

張總：「她就是這個脾氣，她已經搬出去，罵就讓她罵吧！反正我也聽不到。」

小文：「爸！您就是以前太寵她，讓她騎在您頭上，我都看不慣。」

張總皺眉說：「小文！別在客人面前批評妳媽！」

「妳看、妳看，我爸就是一個爛好人。」

「唉！詩雨！我們家有本難念的經。」張總嘆著氣。

「夫妻都是這樣，不吵架幹什麼？有人不是說：夫妻吵架，發洩一下情緒會更親密。」詩雨說。

張總：「算了，不提了。」

詩雨為免不愉快的話題繼續下去，對身邊的珊珊說：「珊珊！你馬上去附近一家大飯店，叫幾個菜，買一瓶葡萄酒，我要和乾爸好好聚一下。」

珊珊：「好啦！」

珊珊立即步出。

江嫂大叫：「不！不可以，我剛好買了菜回來，我來弄、我來弄，我知道大明星喜歡吃什麼菜，包管對妳胃口！」

可是珊珊已離去。

江嫂有點失望。

詩雨：「江嫂！妳煮的蓮子湯很好吃，妳就煮湯就好了。」

小文：「哈！怎麼這麼巧，我一個月沒來了，想不到碰到大明星趙姐，我回家可以吹吹牛了。」

江嫂：「那大家屋內坐吧！我去弄很久沒有做的蓮子紅棗湯。」

這一餐是江總多年來最愉快的一餐，大飯店叫的菜，色香味俱全，對了他們的胃口，大快朵頤，賓主盡歡。

（十三）

小文回到母親住處。

文母打牌回來沒多久，口含香菸，兩手忙著發撲克牌算命，一邊說著：「打牌十打九輸，為什麼？為什麼？現在我知道了，開始嫁了個倒霉鬼，霉運就沾上身，躲也躲不掉，菩薩！拜託，幫幫忙，為我開運吧！長長菸灰掉下，掉在她未穿長褲的大腿上，菸灰火未熄，她痛的站起猛撲菸灰：「人一倒霉，百事不順，我看我要去天后宮拜拜，早日改運。」

文母再度坐下，又洗牌再發牌。

小文提著包包哼著歌回來。

文母看了一眼。

文母：「回來了，為什麼這麼遲回來？！」

小文：「我去看了爸！」

文母：「老不死，有什麼可看？」

小文：「媽！他究竟是我爸！」

文母拍了一下茶几：「少提他！」

小文：「幹嘛？幹嘛？你們分開這麼久，還在生他的氣？」

文母：「提了他，我就生氣，一輩子做好人，一輩子提拔多少明星，一點也不知道撈一筆，笨！」

文母說到「笨」字時，特別用力在茶几上重重拍了一下。嚇得小文一怔。

小文：「我爸現在轉運了。」

文母一聽，新鮮，不信自己耳朵。

文母：「怎麼轉運？！」

小文：「媽不是不喜歡提他嗎？不提了！不提了！」

文母：「死丫頭！你就是站在他一邊。」

小文：「爸從來沒有疾言厲色，見了我，把我當寶貝！」

文母：「別肉麻了，妳剛才說什麼來著？」

小文：「我沒有說什麼呀，我要去洗澡、睡覺了。」

文母想了想，女兒的脾氣跟她一樣，倔強任性，只好像川劇變臉一樣，露出一點笑容說：「女兒！媽打牌又輸了錢，心情不好，妳多原諒。」

小文：「嗯，這還差不多。」

小文這才坐在母親對面，詭譎地對母親笑著。

女兒是她生的，早就看出女兒今天回來，心情不一樣，準有什麼新鮮事。

小文：「今天真巧，大明星詩雨也去看了爸。」

這很意外，文母連忙招手，要女兒坐在她身邊，拉了她的手，探個究竟。

文母：「趙詩雨多年沒有聯絡了，她去看老頭，有什麼事？」

小文故意賣關子：「媽要聽？！」

文母：「這不是廢話！」

小文：「媽不是不喜歡提他？」

文母放下臉，情緒要發作了。

聰明絕頂的小文，她已懂得如何應付霹靂脾氣的老母，她像是電影導演一樣的大叫：「卡！卡！」示意老母不要發脾氣。

文母只好改變態度，嘴角一笑，用柔和方式，不然女兒脾氣一來，打死也不招。

小文：「趙詩雨以前是不是稱老爸做乾爸？！」

文母：「不錯，有這回事。」

小文：「聽說以後，每個月給爸奉養金兩萬塊，且到百年。」

文母：「不錯啊！加上榮民給與，一個月將近四萬元了。」

小文：「還聽說，房子舊了，到處漏水，準備大裝修。」

文母：「那要不少錢，錢從那裡來？」

小文：「我也這麼想，是不是中了什麼獎券了？！」

文母一聽連忙接口：「中了獎券了？！中了多少？」

小文：「媽！我不是說爸真的中了什麼獎券，而是我懷疑。」

文母：「有這個可能，現在不是每個星期都有大樂透、威力彩等……獎券一大堆開獎，而且那個老不死喜歡買彩券，以前曾經中了軍中儲蓄大獎。

小文：「真的？」

文母：「有人說，一個人窮了一輩子，老天爺可憐他，暗中幫了他，也說不定！我們去看妳爸！」

文母是個急性子，見了風就是雨，立即站起，拉了小文手要走，小文甩開母親的手：「這麼急幹什麼？」

文母：「我怕老頭子真的中了什麼大獎，肥水落在別人田。」

小文：「我聽不懂。」

文母：「面部燙傷的江嫂，不是多年照顧老頭子，一棟房子，孤男寡女⋯」

小文：「別小人之心度君子之腹，爸和江嫂，不是那種人！」

文母：「不管是不是，我們去看看總可以吧。」

小文看手錶：「太晚了，明天去吧！」

文母：「明天我已約了牌局，走！即說即做！」

小文無奈，只好被母親牽著走了。

（十四）

張總呢？多年來孤寂生話，今天乾女兒來，談話投緣，又答允以後每月送奉養金兩萬塊，心情愉悅，又喝了不少酒，這時，江嫂在收拾碗筷餐具，只留少許菜餚、半瓶酒，及一個碗一雙筷，讓張總盡興吃喝。

張總已有半醉，一肚子心事，他以前偶然也喜歡哼哼歌曲，現在趁酒興，一邊用筷子敲擊杯盤，唱著「如果沒有妳」國語歌曲。

「如果沒有妳」原來的歌詞是這樣的：「如果沒有你，日子怎麼過？我的心已碎、我的事也不能做，如果沒有你，日子怎麼過？反正腸已斷，我也只能去闖禍……」

他把歌詞改了，他唱的是：

「如今沒有妳

日子真好過

沒人罵我死老頭

去他媽的老太婆

×××

如今沒有妳

日子真好過

乾女兒送奉養金

讓我心中樂陶陶

×××

如今沒有妳
日子真好過
高興喝酒就喝酒
喜歡唱歌就唱歌

×××

如今沒有妳
日子真好過
不管天冷天熱
有江嫂照顧我」

×××

江嫂一聽，豎起大拇指，收起最後一盤菜。
突然這時小文和她母親，推門進來。
文母大叫一聲：「夠了！」
張總眼瞎耳背，沒有聽著，仍然陶醉，敲著碗盤，唱著歌：

「如今沒有妳
日子真好過
說不定下輩子
我會討個好老婆」

張總唱完，自覺歌詞改得不錯，不禁哈哈大笑。

江嫂對文母叫了一聲：「太太！」就愣在一邊。

文母大聲叫道：「你不唱了？唱啊！唱啊！」

張總不禁一怔，側耳聽著：「誰？妳是誰？敢在我面前囂張？！」

江嫂這才在旁說著：「太太回來了。」

張總還是沒聽清楚，又問：「妳是誰？」

江嫂只好走前，在張總耳邊說：「太太回來了。」

張總這下聽清楚了，大聲嚷著：「太太？！我那裡來的太太？八百年前她不就搬出去了？！」

文母：「不錯！我是搬出去了，如今我又想搬回來住。」

張總大笑：「哈哈哈！臭女人！做妳的大頭夢吧！」

文母：「這不是夢，是你以前說的，等你有錢，就把這棟眷村的房子，讓給小文。」

張總：「不錯！以前我們離婚，我是這樣說的，那是等我百年、等我死了再說。」

文母：「反正你不是中了獎，發財了？！」

張總一聽，故意作弄這個女人。

張總：「消息傳得真快，真是沒有不通風的牆，江嫂！是不是妳洩了密？」

江嫂傻住了，一頭霧水，不知如何回答，只好：「我…我…」

文母看女兒一眼說：「看樣子，他好像真的中了什麼大獎？」

文母立即語氣溫和的問說：「中了多少？」

張總沒聽清楚，用手示意大聲一點。

文母大聲重複說：「中了多少？」

張總聽清楚了，笑了笑說：「不多啦！大概上億吧！」

文母一聽上億，態度立變，和顏悅色，走近張總。

文母：「親愛的老頭！老規矩，我替你捏捏肩、敲敲背。」

忽然張總大怒，吼著：「站住！多現實啊！以前我出資讓你經營委託行，賺了不少錢，一毛錢也沒有分給我，又佔了我一生積蓄，買了一棟新房子，妳說給妳，我二話不說給了妳，我一身殘廢，妳非但不照顧我，還吵著離婚，搬了出去，現在妳不知從那兒聽了我有錢了，又想搬回來，天下的便宜都被妳佔盡，老太婆！識相點！趕快離開！不然……」

文母：「怎麼樣？」

張總：「我叫妳乘興而來，敗興而去！」

文母：「我知道妳有江嫂在身邊，兩人一條心。」

江嫂委屈，叫了一聲：「太太！」

文母：「我就看出，你們暗中有鬼，所以她多少年來，沒有離開你。」

張總：「那是她看我可憐，照顧我，她心地善良，不像你，貪得無厭。」

江嫂委屈了，連忙辯稱：「太太！妳的話有點過份，我和張總清清白白，多少年來，手都沒有碰過。」

文母：「一個屋子，門一關、燈一黑，誰知你們搞什麼？」

江嫂一邊擦淚、一邊氣著說：「太太，妳不能污蔑人，我對天發誓，若是我們有什麼見不得人的事，天誅地滅，不得好死！」

張總也大怒，對江嫂吼著：「江嫂！妳去拿把菜刀來！」

江嫂：「拿菜刀幹什麼？面前有切西瓜的西瓜刀？」

張總摸索摸到西瓜刀，挺胸大聲說：「我要發揚抗戰精神。」

文母有點怕，退後一步。

張總揚刀吼著：「大刀向鬼子們頭上砍去！殺！殺！殺！」

文母看張總發神經了，連忙跟小文說：「他發神經了，小文！我們快逃！」

張總拿著西瓜刀揮著、舞著，嘴裡大聲喊著：「殺！殺！殺！」

江嫂怕張總摔倒，傷了自己，想去奪刀又止。

文母穿了高跟鞋，跑了兩步，右腳高跟鞋掉了下來，文母回頭找高跟鞋，差點被亂刀傷到，嚇得大叫：「媽呀！嚇死我了！小文，快逃！」

小文人小鬼大，知道不過是一場戲，他被母親抓到左手奔出，右手還笑著給來個飛吻。

張總還是一個勁，吼著：「殺！殺！」

江嫂見她們母女出了門，才安心說著：「她已經逃了，不要再殺了。」

張總歡悅：「哈哈！殺得武則天，落荒而逃，哈哈！今後她不敢再來了。」

江嫂這才奪了西瓜刀，放在桌上，然後站在一邊嗚咽不止哭著：「啊！」

張總怔了一下：「江嫂！妳怎麼呢？！」

江嫂一邊哭一邊說：「張總！剛才她說了那些話，侮辱了我，我不能再待下去了。」

張總：「妳說什麼？」

江嫂：「我不能再侍候你了，明天我就走。」

張總一聽，也百感交集。

張總：「妳走了？！那我一個廢人怎麼辦？江嫂！妳不能不管我啊！」

江嫂一時衝動，衝上去，拉了張總的手，痛哭著說：「多少年來，我一直把你當兄長，我也捨不得你啊！」

兩人難捨難分，淚眼人對淚眼人，終於江嫂投入張總懷抱，兩人緊抱，痛哭流涕。

少頃，他倆才止哭，江嫂扶張總坐下，又拿面紙替張總擦淚。

張總：「妳也坐下，我有話告訴妳。」

江嫂聽話，也在一旁坐下，注目張總不知道他要說什麼？

張總頓了頓才說：「我已經八十歲了，一身殘疾，身無恆產，多少年前我就暗自決定，誰能陪我終身，我就送她⋯

江嫂：「(感情地)送什麼？怎麼不說下去？我是什麼都不要的，你是我的大恩人啊！那年過春節，小孩放沖天炮，引起我家頂樓火災，我先生救火，賠了一條命，我為了救我先生，也燙傷半邊臉，是你，看在同鄉情份上，幫我辦理我先生後事，又收留我，送醫治療，我變成這樣，人不像人，鬼不像鬼，只有你，只有你，收留了我，我一生回報都來不及，還想什麼？

張總：「不，這是我的心願，多少年我想告訴妳，我都沒有說出口，今天我非說不可。」

江嫂望著他，不知他心裡究竟說什麼？

張總拉了江嫂的手：「我有一根五兩重的金條，一直密藏著，連小文和那個老太婆都不知道」

江嫂：「我知道！」

張總吃驚：「什麼？妳知道？」

江嫂：「有一天，天氣晴朗，我搬出床墊曬太陽，床墊有個破洞，我摸了摸，內面有硬塊，拿出來一看，原來是一根金光閃爍的大金條。」

張總：「我一兩週都要去摸一下，一直藏在床墊內，這是天大的祕密，想不到…妳啊！妳啊！若是妳偷偷拿走了，我也不知道。」

江嫂：「我不會這麼做。」

張總感動，撫其髮：「妳是個好人，不貪不求，每日細心照顧我，把我當兄長，我好感謝啊！以後不准說這種離去的話，我們要守一輩子，心連心…」

張總是個富感情的人，說到這裡，竟双淚直流。

江嫂用面紙替他擦淚。

江嫂：「大哥！你不嫌我？！」

張總點頭：「我怎麼會嫌你？！我只有感謝啊！」

江嫂聽了這句話，也大為感動，一時衝動，投入張總懷抱。兩人嚎啕大哭。

（十五）

一盤切塊的水果，由珊珊端來，放在門口圓桌上。

詩雨與梅子用小叉子吃著。

梅子問著：「怎麼樣？還合你的口味嗎？」

「脆、甜，好好吃。」詩雨說。

「人家送的，我自己都捨不得吃。」

「梅子！謝謝了。」詩雨衷心感謝。

梅子望了望詩雨說：「妳三件大事，已完成兩件，只剩下一百封情書的執筆人了。」

「妳看要如何處理？」詩雨徵求梅子意見。

梅子想了想說：「我看發消息找發信人吧。」

「會有人承認嗎？」

「我看恐怕要加一筆酬金。」

「多少？」詩雨問。

「十萬塊！」

「不！二十萬，這個人對我太重要了。」詩雨堅定地說。

「哇！二十萬嗳！」珊珊笑著拍手。

老徐又在修剪花木，側耳傾聽，一怔。

「這件事恐怕要麻煩妳了，妳和一位女記者有交情。」

「行！日子定了，妳把文字稿交給我，我來處理。」梅子一口答應。

「同心麵館」今天客人不多，林妻正在整理餐桌。

林光慶看報。

徐文輝手上拿了一件夾克走進來。

林妻連忙招呼：「部長早！」

林光慶站起，笑著說：「老長官，真巧，我正要打電話給您。」

文輝問：「有要緊的事？」

「報上登了一則新聞、老長官非看不可。」

「有這種事？」！文輝關心地問。

「我來唸吧！」光慶一邊看報，一邊輕聲唸著：「本報訊：青春永駐，聲譽長年不衰的大明星趙詩雨，突發奇想，徵求三十年前給她情書的執筆人，據稱：公開徵求執筆人，若首封情書，及一百封情書內容，和發信日期相符？，將獲有酬謝金新台幣二十萬元，這不是兒戲，是趙詩雨真心實意的想法。」

文輝聽後，笑了笑，一邊望了望林妻，一邊輕說：「我早知道了。」

大出林光慶意外：「您早知道？！新鮮。」

「前些時候，兩個大明星交談，我碰巧那天修剪花木，所以我聽的一清二楚，但是想不到，他們動作這麼快，說做就做！」

林光慶盯著文輝：「大明星發動攻勢了，老長官，您會露臉嗎？」

文輝以手掩嘴輕生說：「我要戲弄她一下。」

「妥當嗎？」林光慶問。

「人生如戲，不是嗎？」

光慶聞言，哈哈一笑，又連忙摀嘴。

這引起林妻注意：「你們有什麼祕密？！」

「沒有事、沒有事，哈哈…」文輝一笑帶過。

＊　＊　＊

正如文輝所說：”人生如戲，戲如人生“在詩雨門口，大路上，用布幔隔掩，長長布幔當中有一個窗口，可露臉對話。

詩雨則坐在矮台上，用太后垂簾問政方式，珠簾遮身。

梅子客串主持人，站在一旁。

有多人風聞前來趕熱鬧，站在台前。

梅子今天穿了一身紅，象徵紅娘角色，不亢不卑，笑著說：「各位鄉親！俗話說得好，萬物都可愛，眾生都有情，今天是我們大明星趙詩雨小姐，多年期盼希望這位多情種子，露原形，如果第一封情書，和一百封情書內容、發信日期相符，就是這個執筆人，也就是這個多情種子，大明星當奉上，友誼酬金新台幣二十萬元，各位聽清楚了？」

布幔內及台下群眾均大聲答：「聽清楚了！」

「好！現在開始了，請大明星發問。」梅子用手掌向詩雨示意。

一個老男人在布幔窗口露臉。

詩雨在珠簾內發問：「請問，第一封信，發信日期，是那一年？那一日？」

老男甲：「我老了，記憶不清了。」

眾人一笑。

詩雨：「好！您老了，請出列，休息去吧！」

老男甲出場，果真是一個老人。

老男乙在小窗口露臉。

詩雨又問：「請問，第一封信，發自何年何日？」

老男乙答：「好像三十多年以前，確實日期記不清楚了。」

又引起眾人發笑。

詩雨還是平和地說：「那也請您休息去吧！」

梅子發話了：「各位鄉親！各位長輩！這不是兒戲，若是冒充的，或是想藉這個機會，見一見大明星盧山真面目，請退一邊！好不好？」

多個老人識相，退了出來。

光慶也入列，在布幔窗口露臉。

詩雨問：「請問！第一封信發自何年何日？」

光慶答：「應該是民國七十年左右。」

詩雨一怔：「嗯！你矇的還不錯，那最後一封信發信日期呢？」

光慶答：「民國七十五年五月五日。」

詩雨笑了笑說：「很抱歉！我想您也是矇的吧？！」

光慶出場笑說：「哈！二十萬泡湯了。」

眾人一笑，眾人望著窗口，卻久不見再有人露臉。

梅子說話了：「請下一位入列吧！」

徐文輝在小窗口露臉。

詩雨剛要發問：「請問…」

文輝卻搶著說：「我來說好了。」

詩雨一怔。

眾人望著布幔窗口。

文輝稍帶口齒不清的說著：「第一封信發自民國七十年五月三號，第一百封信，發自民國七十五年七月七日。」

詩雨一怔：「對日抗戰啊?!你不是矇的吧?!」

文輝答：「那我來問妳，我答的對不對?」

「絲毫不差。」詩雨回答。

眾人一怔。

詩雨又問：「那我請問，第一封信的內容如何?可否唸幾句?」

「那個時候大明星得”金馬獎“，青春鼎盛，當然毀亦立即，我是旁觀者，也是愛慕者，我好像勸妳……

『忍一句－禍根從此無生處。

饒一著－切莫與人爭強弱。

耐一時－火坑便做白蓮池。

退一步－便是人間修行路。』徐文輝說到這裡，又加了一句：

「怎麼樣？對不對啊？」

詩雨極為歡悅，面露笑容，大聲說：「謝謝！答對了！」

「那我可以拿酬金二十萬了？」

「不！還有一題，最後一封信內容如何？」詩雨打破砂鍋問到底。

徐文輝立即回答：「好像引用法國文學家說詞：『最高貴的復仇，就是寬容，寬容就像清涼的甘露，澆灌了乾涸的心靈，寬容就像是溫暖的壁爐，溫暖了冰冷麻木的心。』怎麼樣？對不對？」

詩雨歡悅大叫：「對！完全對！撤簾！」

珠垂簾由珊珊捲起，露出詩雨廬山真面目。

眾人鼓掌。

詩雨雙手合十，面露笑容致謝。

詩雨又歡快叫著：「撤去布幔！」

文輝用灰布包頭，歪嘴斜眼，一個扶了拐杖，彎腰駝背的老人，展現在眼前，詩雨呆住了，失望吃驚，頻頻搖頭說：「怎麼是你？！」

文輝嘴裡含了一塊硬糖，立即抗議：「怎麼不會是我？大明星請勿以貌取人，請兌現諾言，友誼酬金二十萬元！」

眾人也覺意外，竊竊私語。

詩雨大失所望，心中有點氣，但說過的話，總得兌現。

「我不會食言！我不會失信！」然後大叫：「散會！」

詩雨負氣由珊珊和梅子扶著入內。

眾人笑著散去。

文輝望了詩雨一眼，站在那邊竊喜。

光慶走近對文輝輕聲說：「老長官！這會不會太過份了一點？！」

「可見女人還是以貌取人，哈哈⋯」文輝作弄她，心想計成，大為快慰。

文輝又望了望詩雨門口，怕露馬腳，連忙搗嘴竊笑離去。

（十六）

詩雨又坐在們口小圓桌邊，桌上有一堆信件，她一邊看情書，一邊搖頭擦淚。

珊珊端來一杯茶，站在身後注目。

老徐仍然穿著工作服，低身拔草。

珊珊同情地說：「表姐！看妳好像很後悔，辦這個活動？！」

「我作夢也想不到是這麼一個人！」詩雨感嘆著。

「這個人好像是個作家？！」珊珊說。

「嗯，文筆不差，反應敏捷。」詩雨說了一句實話。

「我也有點意外，那筆錢要不要發？」

「讓我再考慮考慮。」

文輝竊聽微笑。

「今天台生回來，我去買一點菜，」珊珊說。

詩雨點點頭。

珊珊順手在門口，提了菜籃下山。

詩雨又抽出一封信，看著擦淚，忿怒，想了想，竟一封封撕掉，往後一拋。老徐蹲在花園中，她丟一封信，他撿一封信，放進褲袋。

詩雨氣的自言自語：「怎麼會是這麼一個人？！怎麼會是這麼一個人？！」老徐竊笑。

詩雨又自言自語：「可是他有才華，我不能失信！」

詩雨又看了一封信，看後往後一拋，適一約二十餘歲女子進來接住：「詩雨大姐！」女子招呼。

「妳是？！」詩雨不認識，是個從未謀面的女生。

女生遞上名片。

詩雨看了名片，連忙站起招呼：「噢！原來是名記者？！」

「也是您的粉絲。」女記者笑著說。

「不敢當，請坐！」

她倆坐下。

詩雨在小圓桌上，原有一把小茶壺，兩個杯子，她倒了一杯茶，遞給女記者。

「請問，特地來訪有事嗎？」詩雨問著。

女記者喝了一口茶，才說明來意：「社會大眾很關心百封情書，既然有人答對了，是不是妳開的支票要兌現？」

「當然、當然，我想再和他面談一次，確實無疑，當然會信守諾言。」

「謝謝妳，我能為妳拍一張照片嗎？」女記者問。

「可以！」

於是詩雨攏攏頭，擺好姿態。

女記者舉起相機拍照。

碰巧徐文輝站起，一併入鏡。

＊　＊　＊

「同心結麵館」今天一對情侶，台生和翠翠一同光顧。

他倆上次食同心麵，是翠翠搶了同心結，所以今天台生想扳回一城。

「今天我們再吃同心麵。」台生一進來就說。

「行！誰怕誰？！」翠翠微笑回答。

林妻端來兩碗麵。

光慶穿了工作服，脖子上圍了毛巾，在旁擦桌子，微笑看他倆。

林妻看他倆坐好，開始喊口令：「預備…開始！」

一條長麵線，倆人搶食，台生將同心結入口。

「哈哈！今天我贏了！」台生笑著說。

「吃了兩次，各贏一次，下次再定輸贏。」翠翠一邊食麵邊說。

麵吃完，翠翠笑對台生說：「報上登載，最近妳媽弄個天大笑話?!」

「我媽得了絕症!聽說生命只有一年，她老人家想完成三件心願。」

「那三件?!」

「一件是報恩!一件是報仇!還有一件是多年前，有人寫了一百封情書給我媽，她想知道這個情種是誰?」

「結果呢?」

「報上登了，是一個扶拐杖駝背的糟老頭!」

「妳媽沒有想到?!」

「我媽傷心死了，這一百封信，是我媽多年來的相思夢想，在寂寞的時候的貼心良藥，想不到…唉!」台生感傷的說。

「你好像蠻同情你母親的？」

「我媽時間不多，所以我常回來。」

「孝子！」

「我那當得起？我真的很後悔，以前沒有常回來。」台生心情沮喪。

「我爹也老了，老人最需要年輕人貼心安慰。」

「我媽知道我們相處不錯，想去府上拜望一下。」台生一直不知翠翠家世，所以試探了一下。

「今天我爹要去台北辦點事，改天吧！」

他們兩個小孩對話，好像都有愛心、孝心，所以最近也常回來陪伴老爹。

這日，天氣晴朗，翠翠在門口曬著被單。

不意台生、珊珊陪詩雨散步，來到下層翠翠門口。

台生發現翠翠在門口，老遠就叫著：「翠翠！」

翠翠見是台生母親，也連忙招呼：「哦！是阿姨！」

詩雨注視翠翠，長得不錯，皮膚白皙而姣美，身高大概162，是個活潑可人的女孩。她望了望兒子，彷彿嘉獎他有眼光。

「很少看見妳！」詩雨笑了笑說。

翠翠掠了掠秀髮答：「我們家搬來沒多久，而且我兩個拜才回來一次。」

詩雨舉目四望，雖然環境比不上自家風景秀麗，但也環境清靜，交通便利。

詩雨用手指了一指，「這是妳家？！環境也不錯。」

「比起阿姨，住家是差了一點，但是最下一層，進出比較方便。」翠翠答。

「翠翠！能不能到妳家坐坐？」台生試探著。

「我爹不在家。」

「難得我媽來，坐一坐就走，好不好？」台生想探翠翠家底。

「那好吧！不過我們家設備很一般，沒有你家…」

「沒有關係，我散步，順便經過。」詩雨模稜兩可，但其實因係兒子女友家，也想探個究竟。

「那請屋內坐吧！」翠翠只好誠懇邀請。

這是一間普通客廳，牆上掛了名人字畫，但無高官合影照片，一張大沙發，二張小沙發，室內整潔，唯一比較特別的是客廳一角，置一寫字台那麼大的室內金魚缸，飼養了五顏六色的小金魚。

詩雨等觀賞著，感覺上是一個純樸而有文化氣忿的家庭。

詩雨等就坐。

翠翠端來飲料。

詩雨喝了一口飲料，微笑地問說：「妳叫翠翠？！」

翠翠點了點頭：「嗯！」

「名字好聽，以前香港女明星林黛主演的女主角，就叫翠翠。」

詩雨無話找話講。

翠翠坐在台生身邊，害羞地掠了掠髮。

「妳父親以前是公務員，還是商人？！」詩雨頓了一下又問。

翠翠紅著臉答：「阿姨！對不起！我爹交代，以前的經歷不必提了。」

詩雨不解：「是不是出過什麼事？」

翠翠搖搖頭。

「妳媽呢？」詩雨又多心問說。

「我是孤兒院領養的，我爹沒有結婚。」

詩雨有點意外，喝了一口飲料，用手巾擦了擦嘴唇說：

「噢！終身不娶！」

珊珊插了一句：「怪人一個。」

詩雨立即損了珊珊一眼說：「沒有禮貌！」

珊珊伸了伸舌頭，道歉：「對不起！」

翠翠靦覥笑笑說：「沒有關係。」

詩雨站起：「我可以參觀一下嗎？」

於是翠翠扶著詩雨流覽牆上字畫，因題款者字太潦草，不易辨認，大略看了一下，對小金魚倒是很有興趣。

翠翠還拿飼料餵小金魚，小金魚搶食，令詩雨莞爾。

「我也想弄個金魚缸，飼養小金魚。」詩雨說。

「我爹說，飼養小寵物，像小貓小犬，比較麻煩，而小金魚不會鬧不會叫，幾天不餵牠，牠也不會吵鬧。」

「太好了，那天碰到妳父親，我要向他請教，養金魚經驗」詩雨說。

「好的，我跟爹說。」翠翠答。

台生走向一房間，擬扭轉門把。

翠翠連忙阻止：「這間房間是我爹密室，除了我爹，不准任何人進出。」

台生說：「我猜你爹一生是情報局出身，神秘兮兮！」

台生好奇，扭轉門把。

「打不開的，鑰匙在我爹身上。」翠翠說。

「咦！好像沒有鎖？！」台生說。

翠翠不信，自己一轉門把，竟然轉動門開。

「我爹忘了鎖了。」翠翠有點意外。

台生向室內瞄了一眼，大叫：「媽！牆壁上有妳很多照片。」

詩雨不禁一怔：「什麼？有這種事？！」

詩雨這才推開房門，展現在眼前的是⋯

整面牆上，貼滿詩雨大小照片。

一張長桌，放了一封封，撕去又黏貼的信件。

三層書架上，放著各種女人花布鞋、破高跟鞋、拖鞋等物，一角一條繩子，掛了女人內衣三角褲。

詩雨大為驚奇，張口結舌，搖一搖頭說：「這些照片，我自己都沒有，還有這些信件，是我傷心撕掉的，為什麼撿回來？」

珊珊說：「表姐！這些鞋子是我清理丟棄的，這些內衣三角褲，是被風吹丟了的，為什麼？為什麼？」

大家正驚奇疑惑時。

突然一個大男人，憤怒大喝一聲：「翠翠！妳怎麼可以進去？！」

眾人轉頭注視。

徐文輝一身西裝，紅色領帶，參加盛宴歸來。一見是詩雨，也怔住了。

文輝非常尷尬地說：「是你們？！天哪！我百密一疏，今天忘了鎖了。」

詩雨疑惑地說：「你！妳不是花工？！」

翠翠這才說了真話：「阿姨！我不該瞞您的，我爹以前做過部長。」

詩雨更為驚訝：「什？什麼？啊⋯⋯」

突然站不穩，暈了過去。

台生、珊珊適時扶住，讓她跌坐在沙發上。

台生嚇得大叫：「媽！媽！妳怎麼啦？！」

珊珊捏她人中，也大叫：「表姐！表姐！」

文輝也急著說：「快送醫院！快送醫院！」

文輝用顫抖的雙手打119。

眾人扶詩雨走出。

山區一輛救護車，呼嘯而過。

路旁林光慶見狀，詫異。

（十七）

詩雨躺在病床上，打著點滴。

珊珊在旁照料，不時替詩雨塞塞被單，走出。

病房門轉動。

文輝穿了西裝，提了一袋水果進來。

詩雨閉眼休息。

文輝走向病床，輕輕叫著：「詩雨！」

詩雨睜眼一看，大驚，驚呼：「啊！」

珊珊、護士緊張奔入。

文輝後退。

詩雨怕的大叫：「我不要見他！我不要見他！」

文輝邊退邊說：「好！我走！我走！」

文輝退出，拉上病房門，一番好意，她不領情，他大為失望。

他坐在走廊長椅上，雙手撝臉，感到無奈。

不久，珊珊走到文輝身邊，正待講話，文輝首先問說：「情緒穩定了？」

珊珊點點頭：「我表姐叫你進去。」

文輝覺事情有轉環餘地，欣然站起，拉了拉上衣，跟隨珊珊再入病房。

詩雨已拔去鹽水點滴，斜躺坐在床頭。

文輝微笑著走近病床說：「這是水果，不成敬意。」

珊珊接過水果，站一邊。

詩雨望了望文輝，疑惑地問說：「你女兒說，你做過部長?!」

文輝謙道：「小人不才，蒙長官器重，做過兩任部長！」

「你過來一點。」詩雨說。

文輝畏縮，不敢走出小步。

詩雨微慍：「我不會吃了你，怕什麼？」

「好！好！」文輝往前走了一步。

詩雨說：「那天來應徵，真的是你？！」

文輝微笑，點了點頭。

詩雨微笑，用手招呼：「你再走近一點。」

文輝走近一步，坦白致歉：「對不起！我不該戲弄妳！」

詩雨怒目，一把抓了文輝，一個耳光刷了過去，並雙拳搥打文輝前胸怒道：

「你為什麼戲弄我？你為什麼做弄我？我恨你！我恨你！」

文輝緊擁她，撫其髮。

站在一旁的珊珊，先還緊張，這時才露出笑容。

文輝又道歉：「好了，我陪罪，我道歉，我不該戲弄妳！」

詩雨推開他，掠了掠秀髮，定睛看他，竟然露出一絲笑容。

「冤家！冤家，這些年，我把那些信，放在枕頭底下，寂寞時拿出來看看，紓解鬱悶，你文筆不錯。」

「謝謝！年輕時，我寫過小說。」

詩雨突然想起來說：「我記起來了，你好像是影視部長，有一次還頒了獎給我。」

文輝笑了笑，無言以對。

「你不要以為我原諒你了！」詩雨又放下臉說。

文輝欠身：「是！是！請皇太后大赦！」

詩雨嘴角撇了一撇說：「你啊！可惡又可愛！」

「不敢！」文輝輕輕回應。

詩雨輕輕說了一句：「滾！」

文輝沒聽清楚問說：「什麼？」

詩雨加大聲音，但語氣婉轉：「滾！」

「是！是！」文輝退到門口，才擦冷汗走出。

徐文輝有打高爾夫球的習慣，他的感情曝光，獲得心上人諒解，心情極為愉悅，與舊屬林光慶在高爾夫練習場練球。

「老長官！我真為您高興！」光慶說。

文輝一桿揮出，球進一洞。

光慶高聲叫著：「哈哈！一桿進洞，雙喜臨門。」

文輝摸下巴，莞爾。

這日文輝又提水果，來按詩雨門鈴。

珊珊應門走出。

珊珊說：「對不起！我表姐暫不見客。」

不料詩雨叫聲傳來：「叫他進來！」

珊珊意外：「表姐叫你進去。」

文輝喜形於色，連忙換了拖鞋入內。

詩雨穿了睡袍，由珊珊扶著，坐在沙發上。

詩雨用手揚了揚說：「請坐！」

「在妳面前，那有我的位置？！」文輝仍然不敢大意。

詩雨放下臉說：「叫你坐，你就坐！」

「是！是！」文輝如新人面試，正襟危坐。

詩雨看了看文輝，一本正經說著：「我是在想，你以前做過部長，花工的事，我想另外找人。」

文輝答的乾脆：「不必，我永遠是妳的花工。」

詩雨掠了掠秀髮微笑著說：「嗯，不管真話、假話，聽了舒服。」

「謝謝！」文輝欠了欠身。

「不過，妳和妳女兒說，妳以前做過部長，我還是存疑。」詩雨直接了當說。

「真金不怕火煉！」文輝也答的乾脆。

詩雨看了看文輝又說：「我想帶你去見一個人，可以嗎？」

文輝一怔：「什麼人啊？！不是政壇老長官吧！」

「以前電影界紅人，也是我的恩人。」

「悉聽尊便。」

「那好，今天我精神不錯，想出去走走，我去化妝，請稍坐一下。」

「好！請便！」

詩雨站起，由珊珊攙扶入臥房。

文輝站起相送，他這才注視大明星家客廳裝置，大明星究竟是大明星，正面掛名畫，一旁有詩雨放大巨照，若大花瓶，插了黃色桂花，兩張長沙發、兩張短沙發，都有白紗紗套，室內桂花幽香撲鼻而來，小而美別墅、小而美客廳，比起自己客廳，溫馨多了。

詩雨臥房內，已新購穿衣鏡，比以前砸破的更大更美觀。

詩雨坐在鏡前，由珊珊梳頭髮，然後詩雨自己抹胭指，塗口紅，一邊笑說：「等下，我叫他原形畢露！」

珊珊開櫃取出一件素色外出服，問詩雨說：「這件可以嗎？」

「隨便。」詩雨答。

文輝在客廳瀏覽牆上字畫，小犬在他腳前，搖頭擺尾。

文輝抱了抱小犬放下。

小犬趴在地上，雙眼望著他。

詩雨穿了外出服步出，一手提皮包，一手持陽傘，大明星派頭出來了。

文輝眼睛一亮。

小犬更是在周圍跳著好像要詩雨抱抱。

詩雨蹲下，溫和地說：「你乖乖在家看家，乖！」

小犬果然聽得懂，不再吵鬧，只是失望地張著雙眼，望著女主人。

詩雨擺著姿態對文輝說：「我這一身還可以嗎？」

文輝適時捧了一句：「大明星究竟是大明星，風采依舊！」

詩雨伸出左手胳膊，如皇太后架式說著：「小李子！」

文輝也立刻應：「喳！」

然後文輝如京戲小李子一樣，托皇太后手肘，彎身伴詩雨前進。

珊珊見狀摀嘴啞笑。

（十八）

原來詩雨帶著文輝去見一位以往影壇紅人，是她的大恩人張總。

張總在院子裡，慢慢打著太極拳。

詩雨由珊珊伴著，提了水果進入院內。

詩雨大聲說著：「乾爹！您在打太極拳？！」

張總這次聽清楚了，轉身笑了笑說：「閒來無事，活動活動筋骨。」

詩雨掏出一個紅包呈上：「乾爹！這是下個月的奉養金。」

張總摸索接過紅包：「詩雨！妳不必這樣，我心中又難過又感謝萬分！」

詩雨說：「想當年您鼎力相挺，如今您落難，我幫你一點是應該的。」

「唉！現在世道不一樣，還有誰像妳一樣，飲水思源？！」

「乾爹！您坐下。」

詩雨、珊珊扶張總坐下。然後說：「乾爹！今天我帶一個人來看您。」

詩雨回頭一看，不見文輝。

詩雨詫異：「咦！人呢？(叫)老徐！老徐！(又自言自語)哼！你怕露原形？門都沒有！」

這時文輝才微笑著步入院子。

詩雨指了指張總對文輝說：「這是張總！以前是電影公司總經理，不是他提拔我，我沒有今天。」

「我認識！」文輝回了一句。

詩雨沒聽清楚：「你說什麼？」

文輝加大聲音說：「我認識！」

張總好像聽到了，眨了眨眼說：「你認識我？！你是誰？」

「弘仁兄！我是老徐啊！」文輝平和回答。

張總一怔：「口音好熟，(加大聲說)你是誰？」

文輝在張總耳邊輕語什麼。

張總吃驚地站起來，熱烈抓住文輝雙手叫著：「天哪！您是我的老長官，徐部長啊！」

詩雨驚奇，張大眼。

張總對詩雨說：「詩雨！妳口口聲聲說我是妳的恩人，其實妳最大的貴人是徐部長啊！那個時候，不是徐部長一肩挑，我那有這個膽量？！」

詩雨感動了，張口結舌：「這、這…」

張總歡快地說：「想不到，太想不到了，你們怎麼一起來？！」

文輝答：「我們現在住在同一社區。」

「那個風景秀麗的社區？！詩雨！妳不知道，徐部長對妳一見鍾情，一眼就看上妳，說妳是明日燦爛的紅星，果然是慧眼識英雄。」張總一連串說著，詩雨感動了，呆呆望著文輝。

張總話夾子打開，關不住，又說：「我跟部長都老了，我因時運不濟，也很少拜訪老長官，但是我知道，詩雨紅遍半邊天，而徐部長終身沒娶。」

文輝微笑以對。

「部長是癡情漢子，以往他還告訴我，他曾寫情書給妳。」又轉頭對文輝說：「部長！對不起！我披露這段秘密，您不會怪我吧！」

文輝笑笑：「不會，她全知道了。」

張總很意外，雙眼眨了眨：「真的？！」

珊珊這時也插了嘴：「張伯伯！部長還偽裝來當花圃花工，偷偷接近我表姐。」

「部長是天下少有的癡情男人，詩雨！妳們現在……」張總沒有說完。

「我今天帶他來，是想測試一下，他是不是冒牌貨。」詩雨說了真話。

「罪過！罪過！他是第一大恩人，我算那顆蔥？」

文輝連忙也插了一句：「不！你是第一大恩人！」

詩雨聽到這裡，已感動地雙淚盈眶，望著文輝。

文輝也情深地望著詩雨。

詩雨終於投入文輝懷抱，哭了起來，輕槌文輝胸。

「你騙得我好苦，你騙得我好苦！啊…」

突然秀秀類似打掃樣，捲起雙袖子，從屋內走出來，說道：「這是那齣戲？」

詩雨羞極，退後兩步，望秀秀。

「妳也在這裡？！」

「怎麼？妳能來，我就不能來？」秀秀話語很衝。

詩雨怔住，無言。

秀秀說：「詩雨姐！我以前恨妳，現在不恨妳了，而且我還佩服妳，用愛心化解恩怨。」

詩雨接不上口：「我、我…」

秀秀說：「聽說妳常來侍奉張總，張總也是我的恩人，我受了妳的感召，也常來看他。」

「秀秀來過兩次了，每次都帶來禮物，還替我打掃，我真是受之有愧。」張總說著。

詩雨這才和顏悅色說：「想不到，秀秀！以後我們還是朋友吧，把恩怨放兩邊，把友誼放中間！」

秀秀這才看文輝，而且還故意打個圈子望文輝。

令文輝好不自在。

秀秀終於認出來了：「這位是…啊！徐部長！我認出來了，仍然風度如昔，是個老帥哥！」

文輝面紅耳赤。

「你們也認識？」詩雨問秀秀。

「不但認識，而且關係非比尋常！」秀秀話中有話。

詩雨聞後語塞：「你們…」

「不告訴妳，妳問徐部長吧，好了！我走了，前客讓後客。」

秀秀像一陣風，拿了一件外套走了。

詩雨心中起了狐疑，問文輝：「她說：妳們關係非比尋常？！」

「背後議人不大好，以後告訴妳吧！」文輝說。

張總及時作了說明：「我說句老實話，秀秀比較活潑，交友廣闊，為了生活、為了事業，感情世界是開放了點。」

詩雨這才走近文輝，情深地弄了弄文輝領帶說：「今天我本來想讓你下不了台，現在證明了，我是胡思亂想，你不是冒牌貨，個性內斂，羞於表露，癡情一個，我喜歡！」

文輝想笑，沒有笑出來，撫摸詩雨秀髮，兩人對望，情意綿綿。

「好了，江嫂買菜快回來了，我叫她弄點菜，好好乾幾杯。」張總愉快地說。

「怎麼？你還喜歡喝兩杯？」文輝笑問。

「老長官貴人光臨，我能不好好招待嗎？高興，今天是我多年來最高興的一天，詩雨！恭喜妳！徐部長是個好男人，妳要好好抓住他！」

詩雨一時衝動，立即抓了文輝右手，十指相扣。

「他逃不掉了！」詩雨笑著說。

眾人一笑。

（十九）

文輝穿夾克用剪刀修剪花木，及施肥。

詩雨走來，打了招呼，詩雨注視文輝一會，才開口說：「你真的以部長之尊，客串花工？！」

「可不？！我向來一言九鼎，從不食言。」

詩雨一聽，也加入拔草，不時微笑看文輝：「你這個人哪？」

「怎麼？請指教！」

「內心熱火朝天，外表冷若冰霜。」詩雨評說。

「天生這個個性，有什麼辦法？」文輝微笑答。

詩雨又望了望文輝，考慮俄頃才說：「對了！有一件事，現在沒有旁人，你可以坦白了。」

「妳是指秀秀的事？！」

「對了！難道還有別的事？」

「背後說別人壞話，不是我的為人，但是不說，妳又牽腸掛肚，好吧！我坦白相告。」

「那坐一下吧，喝杯紅茶，休息一下。」詩雨建議。

於是文輝、詩雨坐在門口圓桌椅上。

詩雨斟了茶，望著文輝。

文輝舒了一口氣說：「哇！坐在這裡真舒服，視野遼闊，清風徐來，而且又有桂花飄香，聽說你加了價碼，才訂購了這一幢吉屋。」

「不要打岔，話歸正題。」詩雨正色道。

文輝喝了一口茶說：「那個時候，我在台上，主管影視業務，秀秀三不五時來看我，送水果、送點心，到我辦公室賴著不走……」

「你心動了？！」

文輝搖搖頭：「弄得我沒有辦法，只好說，我心中已經有人了，請她自重！」

「心中有人了？！這個人是誰？」詩雨明知故問。

文輝用手指了指詩雨：「遠在天邊，近在眼前！」

詩雨怔了一下。

「你說了我？！」

「她逼得我，只好說了，她還不信，我只好說一週給妳一封信，難耐相思之苦。」

詩雨故作怒狀：「你這個混蛋，怎麼可以把我暴露出來？！」

「我沒有辦法，不得不說，她聽後生氣了，想打我一拳，又不敢，踩了踩腳，氣著走了。」

「從此…」

「從此沒有再見到她！」

詩雨滿足了，在對面拉起文輝手，親吻了一下。

文輝樂極：「哈哈！我不洗手了，留存香吻。」

詩雨笑容滿面，輕步站起，走到門口，對文輝說：「我太高興了，走！我們去"同心麵館"。」

「幹什麼？」文輝故意問。

「吃同心麵結啊！我一定搶吃到那個同心結。」詩雨笑著說。

(二十)

"同心麵館"老闆娘淑娟已端來兩碗麵，放在桌上，喊著口令：「準備、開始！」

文輝、詩雨同食一條麵線，詩雨搶食了同心結。

詩雨說：「哈哈！我贏了！」

文輝停筷傻笑。

林光慶走近：「老長官！今天是什麼好日子，你們連袂光臨？」

「她心情好，吵著要來吃〝同心麵〞。」文輝答

「好！大明星心情好，那就來個節目吧？！」光慶建議。

詩雨心情不錯，一口答應：「表演什麼節目呢？」

「聽說妳以前學過京戲，那就來一段〝貴妃醉酒〞如何？」文輝說。

光慶連忙接口：「這，妳就不知道了，我們部長，京胡拉得不差。」

「那琴師呢？」詩雨問。

「那太監呢？」詩雨又問。

「我來想辦法。」光慶答。

詩雨還是猶豫不決：「這⋯」

「來一段折子戲，不必全段。」文輝建議。

詩雨考慮一下，點點頭：「那好，我稍微打扮一下。」

光慶見大明星一口應允，內心也極為歡悅說：「為應付老人才藝表演，我們服飾、文場、武場，一應俱全。」

「那好吧，那就偏勞了。」詩雨說著站起。

* * *

正這時，台生和翠翠、珊珊出門。

珊珊說：「台生！你媽和部長去”同心麵館“了。」

「一對老天真，今天我們要他們表演一個節目。」台生笑著說。

「好，就這麼辦，珊珊阿姨，妳也一同去吧。」翠翠說。

「當然！」珊珊鎖了門，與小情侶一同走了。

(二十一)

「同心麵館」一角，台生與翠翠擁抱吻上了。

室內，京胡聲，隱約可聞。

光慶和淑娟出來拿東西，不意看見了一切。

「這就是兩代愛情。」淑娟因感而說。

「上一代的愛情，愛了幾十年，還在唱戲拉琴，叫〞悶鍋型〝。」光慶說。

「那現代的愛情呢？」淑娟問。

「妳沒有看見？現代年輕男女，一見面不是擁抱接吻，就是上床了。」

「這叫什麼？」

「我替他們取名為〞熱炒型〝。」

「那你覺得那一型味道好？」淑娟又問一句。

「各有所長吧！光慶說。

淑娟望了望光慶說：「那我們呢？」

「〞悶鍋型〝兼〞熱炒型〝吧！」

「死鬼！」

淑娟欲撾他，光慶笑著入內了。

文輝搖頭晃腦拉著京胡，這是一曲過場的名曲，不能擅自隨意表演，以免搶主角風采，但今天在心上人面前，他要露一手，也顧不到那麼多了，一曲畢，眾人熱烈的叫好鼓掌，文輝站起微微欠身致謝。

詩雨稍經打扮，聽了京胡，也豎起大拇指。

文場簫琴起，珊珊、翠翠臨時拉她倆客串宮女，光慶夫婦飾演高、裴二卿，客串太監，當然也披了一件戲服。

最後詩雨飾貴妃，鳳冠霞帔，輕步出場。

眾人鼓掌。

她用京戲說道：「呀！昨日聖上命我，在百花亭設宴，怎麼今日駕轉西宮，哦，諒必是這賤人之意。唉！由他去吧！啊！高、裴二卿看宴，待你娘娘自飲。」

高、裴同聲：「領旨！」

宮女甲(珊珊飾)：「啟娘娘！宮娥們敬酒！」

貴妃問：「敬的什麼酒？」

宮女甲(珊珊飾)：「龍鳳酒。」

貴妃：「何謂龍鳳酒？」

宮女乙(翠翠飾)答：「乃是聖上與娘娘所飲之酒，稱為龍鳳酒。」

貴妃喝了一盅。

太監(光慶飾)：「啟娘娘，奴婢也敬酒。」

貴妃：「敬的是什麼酒？」

太監(淑娟飾)：「通宵酒。」

貴妃：「呈上來！」唱(四平原板)：「通宵酒，雙手捧玉盃，高、裴二卿殷勤侍奉呀！想人生在世如春夢，且自開懷飲幾盅。」於是太監跪在地上奉盅。

貴妃仰面朝天，(真功夫)用嘴咬住酒杯！引起眾人熱烈叫好鼓掌。

正在這時，突然秀秀老母，高聲大叫：「徐部長！徐部長！」

文輝停拉京胡。

詩雨停演。

眾人望著秀秀老母。

只見她一邊擦汗，一邊喘氣，急著說道：「徐部長！徐部長！我們秀秀發瘋，站在我住家附近十樓陽台，說要跳樓自盡，要徐部長去見一面。」

文輝站起一怔說：「這跟我有什麼關係?真是莫名其妙?！」

詩雨也認出是馬秀秀的母親：「你是馬秀秀的母親?！」

秀秀的母親點點頭，歉意說：「對不起啊！對不起啊！」

詩雨心中有點氣，這可能是對著她來的。

秀秀老母還是急著說：「徐部長啊！我到處找你找不著，後來聽說〝同心麵館〞老闆和你很熟，才趕來的。」

「這、這⋯」文輝望了望詩雨。沉吟難決。

詩雨心想，不知真假，去看看也無不可，對文輝說：「救人要緊，你先走吧！我卸了裝趕來。」

「謝謝！謝謝！」秀秀老母一再鞠躬致謝。

＊　＊　＊

秀秀真的站在十樓矮牆上，唱著〝如果沒有你〞歌曲：「如果沒有你，日子怎麼過⋯」

眾人圍觀叫喊著。

警察忙着張網救人。

秀秀似在狀況外，一邊唱著，還做出動作，她遙遙欲墜，眾人頻頻驚呼。

一警冒險，接近秀秀。

秀秀立即大叫：「你不要過來、你過來，我就馬上跳下去！」

另一警也在其他地方露臉救人。

這時、秀秀老母，慌張奔入。

秀秀老母對秀秀高聲大叫：「秀秀！徐部長來了！」

秀秀往下注目。

秀秀一見文輝，眉飛色舞，大聲說著：「徐部長！您真的來了？！我一勾手，您就三步併做兩步趕來了，謝謝了。」

文輝拿擴音器對秀秀高聲叫著：「秀秀小姐！妳不要做傻事，快下來吧！」秀秀正要下矮牆。

詩雨也趕到，對秀秀叫著：「秀秀！妳這就對了，快下來吧！」

但秀秀一見詩雨，態度立變，仍然站在矮牆上：「妳也來了？妳們還是成雙成對，你們是來向我示威？！」

「不是、不是！我們得到消息，就先後趕來了。」詩雨解釋。

秀秀說：「你們在〞同心麵館〝玩樂是不是？」

詩雨怔了一下，輕聲自語：「妳消息倒靈通。」

「我一直在暗中監視你們！」秀秀坦然說。

秀秀母親站在詩雨身邊輕聲說：「秀秀是得知你們在一起，才發瘋的。」

詩雨接過擴音器大聲說：「秀秀！妳還是這麼恨我？！」

「是啊，恨死了！」

「這又為什麼？」

「我喜歡徐部長，不是妳，他就是我的了。」

「感情的事，要有緣份，是勉強不來的。」

「我不管，我想要的，一定要得到，得不到，我寧願死！」

文輝覺得秀秀已失去理智，他要營救她，轉頭對詩雨說：「她已經失去理智了，我上去試試看。」

警方立即用伸縮高架，把文輝送到十樓陽台。

秀秀喜極，張開雙手，笑著說：「你來、你來，來抱我下去。」

這時詩雨也在十樓頂層出現。

秀秀一見詩雨大怒：「妳上來幹什麼?滾!滾！」

文輝對詩雨大叫：「詩雨！妳下去！」

詩雨對文輝關心地說：「你也小心一點！」

秀秀先用舌尖聲：「嘖嘖…多麼體貼?!多麼親密?!我恨!我恨！」

詩雨還想解勸：「我不是早說過，恩怨擺兩邊，友誼放中間。」

秀秀大怒：「狗屎！狗屎！誰聽妳的？」

文輝轉頭對秀秀說：「秀秀！快下來吧！這太危險了。」

「嗯！您這句話中聽，可見您還是喜歡我的，這樣吧！我現在宣佈，只要您和詩雨脫離關係，我馬上下去！」

詩雨是他一生的心上人，當然不可能，他只好：「這、這……」

秀秀又逼他：「您馬上說，您愛的是我，不是詩雨這個臭女人。」

詩雨色怒無言。

「不要胡鬧了！」文輝只好這麼說。

秀秀高聲叫著：「您說不說？您不說，我就跳下去！」

文輝回望，見一警將接近秀秀，他故意拖延。

「讓我考慮考慮！」文輝敷衍說。

詩雨一聽震怒：「你若答應她，我馬上跳下去！」

文輝兩邊為難，極為苦惱，一邊要救人，一邊又不敢得罪多年心上人，他靈機一動，怒說：「好！好！我跳，行了吧？！」

文輝作勢要跳。

那邊秀秀也緊張，注視大叫：「不！不！」

秀秀沒有警覺，一個警察已撲上去，抱了她，滾下陽台頂樓。

詩雨極為生氣，一手指文輝大罵：「你不是人！你去死吧！」

詩雨一臉怒容，轉身離去。

文輝站在伸縮高架上大叫：「詩雨！我是拖延救人之策啊！」

等文輝下了高架伸縮，詩雨已叫計程車離去了。

（二十二）

天空烏雲密佈，閃電不斷，雷聲隆隆。

文輝站在詩雨門口，猛按門鈴且大喊：「詩雨！詩雨！」

詩雨就是不開門。

暴雨傾盆。

文輝喊破喉嚨，一身水濕，詩雨在室內紗窗布簾縫隙，張望。

珊珊不忍勸著：「表姐！徐部長是為了救人，才出此下策，妳就原諒他吧！」

「閉嘴！」詩雨怒說。

珊珊伸了伸舌頭，不敢再說什麼了。

文輝已經遙遙欲墜，林光慶走上扶著他，離去。

一個驚雷，文輝差點摔了一跤。

光慶心疼地說：「老長官啊！您要多保重啊！」

文輝受了風寒病倒了，他躺在床上。

女兒翠翠用塊冰毛巾敷在他額頭，心疼地說：「爹！您何苦呢？！」

文輝看她一眼未語。

「風雨這麼大，不生病才怪？！」翠翠埋怨著。

「好了，爹知道了。」

「這麼大的人，還這麼癡情！」

「妳們小孩懂什麼？！」

翠翠伸了伸舌頭，不再言語。

這時門鈴聲響了起來。

「咦！奇怪，誰來了？！」翠翠說。

「妳去看看是誰？」

「是，爹！」

門鈴聲還是不斷。

翠翠開門一看，竟是詩雨阿姨，由珊珊攙扶站在門口。

翠翠喜極，高聲說著：「爹！是詩雨阿姨來看您來了。」

文輝一聽是詩雨，病好了一半，連忙坐起，背靠在床頭。

詩雨和珊珊由翠翠陪著進來，珊珊提了水果。

詩雨是第一次來文輝臥房，看臥房簡單整潔，整理的不差，並沒有缺少女主人，像狗窩一樣的髒亂。

詩雨與文輝對望。

珊珊與翠翠輕步出帶上門。

詩雨這才走近床前，微笑說：「真的病了？！」

「小感冒。」文輝輕說。

「我是聽台生說的，才知道，怎麼樣？」

「妳一來我就人到病除！」

「我有那麼大的效力？！」

「妳摸摸我的額頭，好像燒退了。」

詩雨走近伸手摸摸文輝額。

「嗯！好像真的燒退了。」

文輝一把抓住她的手。

詩雨怔住：「你…」

「不是我病了，我們沒有這麼親近接觸。」

「後來想想，才知道你是為了救人，故意用拖延之策。」

「不生氣了？！」文輝望著詩雨。

詩雨搖了搖頭：「我向你道歉！」

「就這麼一句話？」

「那還怎麼？」詩雨說。

文輝指指臉頰。

詩雨考慮一會，才在他臉上親了一下。

文輝趁機緊抱詩雨，吻她額、吻她眼、吻她鼻、最後兩人嘴巴黏住了。

兩人溫存好一會，詩雨站起，攏攏頭。

「這幾天，妳在幹什麼？」文輝微笑問。

「幹什麼？對你氣還沒消，去醫院作一次徹底檢查。」詩雨答。

文輝極為關心，下床披了睡袍，坐在床前沙發上拉詩雨手，問說：「檢查出來了？怎麼樣？」

「檢查結果，還沒有出來，不過醫生好像說，病情有了轉機。」

「噢！那恭喜妳，經過這些日子折騰，也許老天爺疼妳，讓妳病情有好轉。」

「醫生說：等檢查報告出來，電話告知。」

「感謝老天爺！」

於是詩雨、文輝兩人雙手合十，閉目向天祈禱。

「還有一點小事，跟你說。」

「洗耳恭聽！」文輝說。

「有一次我聽朋友說，目前卡拉 ok 唱歌極為流行，我想自己在家裡裝設一台小型卡拉ok，在家裡自己娛樂。」

「好耶！唱唱歌、練練嗓子，對身體有好處。」文輝熱烈讚成。

「但是我的歌唱的不好，還要有人指點才行。」詩雨謙虛地說。

「沒有問題，大明星沒有什麼事難倒妳。」

「哈！你怎麼也油腔滑舌了？！」詩雨嫣然一笑。

（二十三）

馬秀秀呢？精神病越來越嚴重，她恨死了詩雨，她竟然去找了巫婆，詛咒詩雨，這時她披頭散髮，拿了街頭買回來的小女生布娃娃，布娃娃上加了黑色長髮，一對倒眼，面目可憎，又寫上「趙詩雨」姓名，她咬牙切齒，一根一根針，往布娃娃身上刺：「妳去死！妳去死！」

秀秀母親聽見了，推門進來，看見女兒如此行動，連忙將布娃娃搶過去，對秀秀說：「妳的病越來越嚴重了？！」

「我有什麼病？我不是好好地？能吃能玩，還能詛咒人！」

「詛咒人，是會得到報應的！」秀秀母親拿了毛筆將「趙詩雨」三個字塗去。

秀秀還想來搶，秀秀母親將布娃娃放在身後，正色道：「秀秀！趙詩雨對我們還是不錯的。」

秀秀怒目喝道：「什麼不錯？！我沒有忘記當年她用皮鞭抽我。」

「那是妳自己不好，怨不得別人。」

秀秀已知理虧，怔了一下。

「最近在我們最困苦的時候，她叫人拿了百萬元……」

秀秀老母未說完，秀秀手一擋：「不要說了！你以為她是好心，她現在是富婆，百萬元等於九牛一毛，她是來侮辱我，是來嘲笑我，比打我一百下耳光，還令我憎恨。」

「這……」秀秀老母想到現實，當然女兒說的也是實話，但是身邊有錢最要緊。她把已拔去滿身長針的布娃娃還給秀秀，還抱了她肩說：「秀秀！乖女兒，什麼時候，媽帶你去看醫生。」

「看醫生幹什麼？」

秀秀老母望了望秀秀一會才說：「你有病，而且非常嚴重。」

「媽！謝謝您，我什麼病也沒有，我還會唱歌、還會跳舞。」於是她神經質一邊唱著：「如果沒有你，日子怎麼過…」一邊神經兮兮舞蹈。

母親看在眼裡，心如刀割，當年紅遍影壇的女兒，有眾多中年男人追逐的女星，當年午宴、晚宴不斷的秀秀，怎麼變得如此？怎麼女兒落魄的無人問津，她感觸萬端，竟然掩嘴大哭而出。

秀秀呢？神經的笑看：「你自己已得神經病，還怪別人，你自己才要去醫院看醫生呢！哈哈…」

她又哼著：「如果沒有你，日子怎麼過…」

老母只是站在門口，擦著雙淚。

* * *

詩雨說做就做，真的購置了一台室內卡拉ok，專業人員正在替她裝配，詩雨、梅子站在一旁指點。

裝配完畢，專業人員試了試音，感覺正常，兩手一攤，表示完工。

「謝謝了！」詩雨從皮包取錢，交給專業人員，他收了錢準備走出。

詩雨叫住他：「請等一等。」

專業人員站住望詩雨。

「我是初學，對工程也不熟，若是機器出了問題，跟誰聯絡？」詩雨說。

專業人員交出名片：「這是我的名片，倘是出了問題，請打手機給我，隨傳隨到。」

「好！那謝謝了。」

專業人員步出。

詩雨送到門口，心裡有點興奮。

「先試一試！」梅子建義。

「妳先來吧！」詩雨推讓。

「還是妳自己先來。」

「好！那我唱什麼？」詩雨拿著麥克風望梅子。

「如果沒有你呀！這首歌最近不是很紅？」梅子有點戲弄。

詩雨用手指了指梅子。

「不要再提她了，破壞我的興致。」

「那老歌好聽，像〞不了情〝〞癡癡地等〝⋯⋯」

「好，那我就唱”不了情“。」詩雨試了試音，用甜美的聲音唱起來：「忘不了，忘不了！忘不了你的情，忘不了你的好，忘不了雨中的散步，也忘不了那風裡的擁抱…」

詩雨唱完。

梅子、珊珊熱烈鼓掌。

「怎麼樣?還可以吧?!」詩雨望著梅子。

「太棒了，就是原唱人聽了妳的歌，也會豎起大拇指。」梅子讚說。

「妳不是諷刺我吧?!」

「表姐，真的妳唱得很好，比歌廳有些歌星唱得還好。」珊珊適時捧了一句。

「妳又沒去過歌廳，胡說八道!梅子妳也來一首。」詩雨將麥克風交在梅子手裡。

「我唱一首”友情“請指教!」於是梅子也用優美的腔調唱起來：「友情!人人都需要友情,不能孤獨,走上人生旅程,要珍惜友情可貴,失去的友情難追…」

梅子唱完也獲得詩雨、珊珊熱烈掌聲。

「不錯、不錯，以後我們可以經常在這裡自己娛樂自己。」詩雨說。

「請徐部長也加入。」梅子建議。

「那是當然，我已經告訴他，我要在家裡裝設室內卡拉 ok，免得在外面拋頭露面。」

(二十四)

在一公園內，百花叢開，秀秀老母心中煩悶，一人出外散心，她撐了陽傘，低頭行走，不意洋傘勾了一個婦人頭髮，兩人對望，原來是熟人，是詩雨密友，梅子。

「妳是秀秀的母親吧?!」梅子問。

秀秀老母點了點頭，也認出梅子：「噢!我想起來了，妳也是秀秀的前輩，演技派大明星，梅子小姐。」

「出來散步?!」梅子搭訕著。

「您?!」

「我要去對面商場看一個朋友。」

「那能不能坐下，聊聊？」秀秀老母提議。

梅子看了看手錶，說：「好，可以，我們聊聊。」

秀秀老母一肚子心事，擦了擦眼淚。

「怎麼？秀秀還好吧？！」梅子同情地問說。

秀秀老母面戚搖頭：「不好，非常不好！」

「怎麼呢？」

「她的瘋病越來越厲害了。」

「有這種事？！」

秀秀老母又擦淚，一邊低聲耳語。

梅子聽後驚訝萬分。

「帶她去看醫生吧！」

「她不肯去，她說她沒有生病。」

梅子望了望秀秀老母，同情地拍了拍她手背：「您辛苦了！」

「我心裡煩，所以來這裡…」

「找機會勸勸她，不要越來越嚴重！」

「唉！」秀秀老母拭淚：「不知道前世做了什麼孽，才生了這個女兒！」

梅子望她，不曉得如何勸慰。

「跟妳聊聊，我心情好多了。」

「那這樣吧，我目前在前面圖書館做志工，一三五上午，我都在，妳心裡煩，可以來找我聊聊。」

「我也想來做志工，能不能幫我介紹下？！」

「行！他們那邊也需要人，我試試看，那再見了。」

梅子同情地搖搖頭走出。

秀秀老母望了她半天，才坐下來抹淚。

秀秀老母回到家，看秀秀用大塊白色麻布，縫著什麼，秀秀老母想看，秀秀連忙藏在身後。

「妳這是幹什麼？」

「不告訴妳。」秀秀神經笑笑。

「我可以看看嗎？！這麼寶貝？」

秀秀搖頭：「不要，到時候我會告訴妳，嘻嘻。」

「是不是妳找到了工作，替人縫製什麼？」

「對！不對！不對！也對！嘻嘻！這是巫婆教了我最厲害的一招！」

「妳又去找巫婆了？妳想害人是不是？」秀秀老母看出端倪。

秀秀用食指噤聲。

「這是秘密，不能聲張，嘻嘻。」

「秀秀，我叫妳去看病，妳不聽，不要闖出大禍來！」

「我有什麼病？妳自己才有病，哈哈…」

秀秀老母趁秀秀不注意，一個箭步，在秀秀背後，搶過這麻布，逼問：「妳說、妳說，妳想縫什麼？」

「媽！不要這麼兇，(輕)告訴妳，不能告訴別人，我要扮個吊死鬼去嚇那個臭女人！」

秀秀老母聽得張口結舌，頻頻搖頭，一時衝動拿起大剪刀，把白麻布亂剪，秀秀來搶，母女爭奪，一個不小心，秀秀老母跌坐在地上，雙手拍地大哭。

「我怎麼生出妳這個女兒？老天爺！幫幫我！幫幫我呀！」

秀秀搶過白麻布。

神經兮兮地笑著：「幹嘛？幹嘛？妳要鬧得天下都知道，真是的！」

（二十五）

台灣的氣候並不是春、夏、秋、冬，分得非常清楚，中秋節已過了，白天陽光普照，亦如炎熱夏天，夜，點點燈光也甚美觀，最近因電路有問題，正在整修，一到夜間漆黑一片，山區路窄，夜間散步居民就少了。

夜，詩雨在室內作柔軟體操，就寢安眠，忽然小犬叫聲不斷，她喝阻小犬，也不見效，心知有異，拉開窗簾布，竟見一身披麻衣，伸長舌的吊死鬼，站在窗前，詩雨嚇得毛骨悚然尖聲大叫：「啊！」

珊珊連忙趕來問：「表姐！什麼事？什麼事？」

「有鬼！有吊死鬼！」

珊珊為探究竟，把窗簾布拉大，看見一個白色影子，遠遠離去。

詩雨嚇得面目灰白，拍著胸。

「是她！一定是她！」詩雨說著。

「這個人，人不做，做鬼？！」

次日，梅子又來訪，告知見秀秀母親，知秀秀病情嚴重，勸詩雨小心應付。

「怎麼辦？」詩雨愁眉苦臉。

「我看，請徐部長夜間來做客，陪陪妳。」梅子建議。

「孤男寡女，傳出去不太好。」詩雨答。

「妳們不是有客房，暫時壓壓驚，再想辦法應付。」

「我也想過，如果她再不檢點，我準備報警，請警方保護。」

「記者無孔不入，這不是變成社會新聞了？！」梅子說。

梅子考慮的不是不無道理。

「我和徐部長研究研究再說。」

徐文輝得知這個消息，立即答允，應詩雨邀請，穿了工人服，帶了已申請核准的自衛手槍、雨衣，也添購了一個頭套，以備不時之需。

這時已恢復供電，雖然已夜深人靜，雖然兩情愉悅，但在此時此刻，亦無親密舉動，只是閒聊個人近況。

詩雨一肚子心事，談話中覺得全身慵懶無力，最好能去按摩店按摩按摩，以鬆身心。

文輝一聽，笑了笑說：「天下第一按摩師，就在眼前。」

「怎麼說？！」詩雨不解問說。

「我母親在世時，我常替老母洗腳、按摩小腳，我母親誇我是天下第一摩。」

「太好了！珊珊！妳去燒壺熱水，足浴後，請部長……」

「沒有問題，按摩後一定使妳消除疲勞。」

「哈哈……部長替我按摩，不等於清廷小李子替皇太后洗腳一樣。」

「光榮！」文輝笑了笑。

文輝以往也去按摩院，等詩雨雙腳浸在水盆裡十分鐘後，開始按摩了。

他先用一塊白毛巾墊在右腿上，再把詩雨左腿放在右腿白毛巾上，詩雨肌肉皮膚白嫩油滑，因保養得宜，肌肉並未鬆弛，文輝久未與異性親密接觸，不禁神遙心蕩，不敢褻瀆。

「怎麼啦？」詩雨看他呆立在那邊問說。

「我，我不敢！」文輝坦答。

「是我同意的，你怕什麼？」

「好，遵命！」

文輝這才握住白嫩腳板，先按五指再按小腿，他的力道，恰到好處，不輕不重上下搓摩。

詩雨閉目享受。

文輝僅在膝蓋下按摩，不敢往上試探，他是個君子，雖然想俯身吻她一下小腿，也不敢，真的做到坐懷不亂。

文輝一邊替詩雨按摩，一邊還是想著他的來意，他招呼珊珊先把詩雨臥房兩具強烈台燈，放置面對窗外，若那個女鬼來臨，他將依計處理。

文輝替詩雨按摩半個小時後，詩雨全身舒爽，抽了雙腳笑說：「謝謝部長！你辛苦了。」

「怎麼？夠了？！」

詩雨點點頭：「以前拍片很累，也去按摩過。」

「怎麼樣？我的功力還可以嗎？」

「不但可以，而且比專業還行，真如你母親所說：你是天下第一摩！」

「哈哈！大明星過獎了！」

正在這時，忽然門口小犬狂吠：「汪、汪…」

主角登場了，文輝立即與詩雨、珊珊，進入詩雨臥房，文輝用啞語及手勢指揮，文輝一拉開大幅窗簾，珊珊立即打開強烈兩具燈光，向外照射，立見一個長髮披肩，穿了被剪破的白痲布長衫，伸出長舌，裝吊死鬼，站在窗前。

詩雨、珊珊當然嚇著了，而窗外的吊死鬼也嚇得大叫：「啊！」

文輝取出手槍，向窗外天空發了一槍：「砰！」

外面吊死鬼更是嚇得狂奔。

一個老女人叫聲：「秀秀！秀秀！妳是在這裡嗎？」

吊死鬼狂奔，不小心跌了一跤，說巧不巧，有人整修房舍，丟了一條小木條，木條上有小釘，釘在吊死鬼左眼，她狂喊著叫痛：「媽！媽！救命啦！救命啦！」

室內三人驚魂未定，又聽到外面兩女人叫救命聲，三人呆住，倒是徐文輝較為鎮定：「她雖然惡作劇，恐怕出事了，我去看看。」

「不能讓她認出是你。」詩雨提醒。

「我早有準備，妳放心，妳打119，叫救護車吧！」

文輝穿了雨衣，將套帽蒙在頭上，奔出。

果真一塊小木條上的小釘子，插進裝扮吊死鬼秀秀左眼，面上血流如注。

秀秀狂喊：「救命啦！救命啦！」

秀秀老母正跌坐在地上，抱著秀秀哭叫：「救命啦！救命啦！」

救護車迅速駛到，文輝抱起秀秀放在救護車上。

秀秀老母連忙急問：「你是誰?你是誰？」

文輝未答腔，用啞語指揮，秀秀老母上車，他則留下，關了車門，救護車開走。

一輛救護車鳴笛在山區小徑，急馳而過。

文輝回到詩雨客廳。

詩雨關心的說：「怎麼一回事？」

文輝說明所見：「一塊木條上的小釘，釘進秀秀左眼，滿臉是血。」

「這不是報應嗎？」詩雨拍拍胸說。

「妳們看見的，我是對天空開槍，本是想嚇嚇她，給她一個教訓，想不到，唉！」文輝有點愧疚。

「人在做、天在看，活該！」珊珊說。

詩雨走近文輝，抱了抱說：「你是為了我，謝謝了！」

「好了，妳們安全了，我也回去休息了，再見！」

文輝拿了頭套、雨衣步出。

詩雨送到門口，還親了親文輝面頰，表示感謝之忱。

（二十六）

秀秀送進急診室，醫生一看，立即推進手術室，小心翼翼將木條小釘子，輕輕拉出，秀秀左眼噴血，護士小姐連忙用藥水棉花摀住左眼止血。

秀秀老母一直在手術室門口，蹀躞心焦等待。

醫生走出，拿去口罩。

秀秀老母立即趨近問：「怎麼樣？釘子拔出來了？！」

「手術很順利。」醫生說。

「謝謝！你看那隻眼睛會不會受影响？」

「看情形吧！如果傷了視神經太嚴重，恐有失明的嚴重後果！」醫生實話實說。

「我可以進去看看嗎？」

「等病床推到病房，當然可以。」醫生說完就走了。

半小時後，秀秀病床推入一般病房，病房有二病床，另一床睡了一個女人，中間有布幔隔間。

秀秀躺在床上，左眼包紮，打著點滴，一臉苦戚。

秀秀老母進來。

秀秀閉了另一眼，轉頭面向牆壁，不理母親探視。

秀秀老母用手摸了摸秀秀額頭說：「還好沒有發燒。」

秀秀用手撥開母手。

「受到教訓了吧！」

秀秀無言。

「妳是聽了巫婆的鬼話，才鬼迷心竅？！」

秀秀用手揚了揚。

「我早就勸妳，把我的話當耳邊風。」

秀秀大聲叫了一聲：「夠了！」

秀秀老母怔了一下。

「醫生怎麼說？」秀秀終於低聲問說。

「看情形，嚴重的話可能失明。」

秀秀一聽，痛哭搥床。

「我要報仇！我要報仇！是她害我的。」

「事到如今，妳的教訓，還不夠嗎？」

秀秀不再言語。

「妳心中有魔魅，我要…」老母沒有再說下去。

秀秀拉被單蓋頭，雙手不斷搥床，嗚咽不止。

秀秀老母只有在旁黯然擦淚。

兩個護士小姐在病房門口輕語。

「她好像是大明星？！」一個身材姣好的說。

「怎麼穿了這一身衣服？」另一矮胖的也質疑。

「怎麼釘子會擦入眼睛？」

「迷？一團迷？我看是演戲，假戲真做不小心…」

「哈哈…」兩個護士輕輕笑了一下。

一個醫生經過她們面前，怒目望了她們一眼，用手點了點，似在指責她倆。

＊　＊　＊

在公園一角，秀秀老母又和梅子碰面了，秀秀老母一邊擦淚，一邊輕語，彷佛是恐別人聽了，又傳謠言，生是非。

聽得梅子目瞪口呆。

「怎麼辦？怎麼辦？我打電話約妳出來，是想請妳替我想想什麼辦法？」

「我看，要除去她心中的魔魅！」梅子正色地說。

秀秀老母認同點點頭。

「第二、要準備醫藥費！」

「梅子姐！妳最了解我家的近況，日常生活都捉襟見肘，想不到出了這種事。」秀秀老母嘆苦經。

「我了解、我了解！」梅子拍了拍她手背，表示同情。

「拜託妳，看在秀秀晚輩份上，能不能……」

梅子手一揚，阻秀秀老母再說下去。

秀秀老母望梅子。

梅子考慮片刻說：「我看，我來想想辦法，我只能說試試看。」

秀秀老母雙手合十說：「謝謝了！謝謝了！」

「兩天後，同一時間，我們在這裡見面。」梅子說。

秀秀老母熱烈抓住梅子手，熱淚直流，一再說：「拜託，謝謝！」

梅子倒是一個熱心人，次日就去見詩雨，文輝也在一旁，聽梅子轉述秀秀目前情況，詩雨也心事重重，盡管秀秀是裝神弄鬼作弄人，已得到報應，是活該。但是總是自己所造成悲劇，詩雨菩薩心腸又起了。

「這樣吧！秀秀在醫院一切開銷，不管多少，我負責到底。」詩雨拍大腿地說。

文輝極意外，豎起大拇指。

「但是妳不能說，是我支助。」

「我替她們母女謝謝妳，那怎麼去圓謊？」梅子瞪眼望文輝。

「妳可以推說是影視基金會救助，以前我擔任部長時，曾幫助不少人。」文輝出點子。

「好、好，究竟是部長腦筋精明。」梅子也對文輝豎大拇指。

「醫藥費是解決了，我想最主要的問題是病障，不能讓她再起！」

文輝為難，在室內踱步，摸下巴思索，他突然停步，正色說：「有了！」眾人望著他。

文輝說明，他想到一個以前認識的專門醫治神經病的女醫師，她的脾氣很怪，她常掛在嘴邊的話是：「治療神經病人，要用神經病方法來治療，才能見效。」

眾人不解，文輝只好將這個奇異醫生的傳聞，講給她們聽，想不到她們熱烈認同，可以一試。

(二十七)

事不宜遲，徐文輝立即拜訪這個女醫師。

這個女醫師年約六十餘，取名「怪姨」，住在土城附近山區，她光頭，但包著灰色的紗巾，穿着尼道類似長袍，面對觀音菩薩，正在閉目唸經。

文輝見她唸經到一段落，才咳了一聲嗽。

怪姨張眼轉身見是徐部長，連忙雙手合十，尊敬稱呼：「原來部長大人，多年不見了。」

文輝雙手合十回應：「怪姨！多年不見，妳還是老樣子，慈眉善目，一點也沒有改變。」

「您沒有見過我兇相，我一瞪眼，很多小女孩嚇得哆嗦呢！」

「哈哈，如此，妳才自己取名叫怪姨。」

「貴客光臨，有什麼貴事？」怪姨問說。

文輝多年沒來，環顧屋內四週，設備簡單，正當中，還掛著他當年當部長親筆題字的「化災解厄」四字匾額，內心極為欣慰。

「妳還掛著這個匾？！」文輝問。

「是部長的墨寶，我的〞金字招牌〝」

「想不到、想不到，怪姨太抬舉我了。」

「請坐」文輝坐下。

這時，一個小女尼，端來一杯茶水，雙手呈上。

「這是我親戚的孫女，叫青青，治好她的病，願意留下來照料我。」

「不錯、不錯，多跟長輩學習，將來青出於藍，勝於藍。」

青青退。

怪姨望了望文輝一眼，再問：「有事？！」

「是有事來請教。」

「願聞其詳。」怪姨說。

於是文輝將秀秀與詩雨的結怨，及最近的事情一五一十都說了出來。怪姨聽後，望了文輝一陣才說：「如果我的記憶不錯，大明星詩雨是你的心上人。」

文輝靦腆點點頭。

「我想起來了，當年你就是迷戀她，內心痛苦才來找我的。」

「所以我覺得妳也許對這種神經病，有治療心得，所以我特別來拜訪妳。」

「我這個人不講情份，向來公事公辦！」怪姨正色說。

「我了解。」

「治療精神病，有幾道關卡，要在我這兒住上三週，家屬可以探望，但不能干涉我治療方法。」

「這是妳老規矩，我了解。」文輝答。

「第一：要助她報仇，當年對方如何對她，她也如何報仇！

第二：最近她患神經病，我也學她樣，對她裝神弄鬼，驚嚇她。

第三：世界有三界，上有天堂、下有地獄，人在做，天上玉皇大帝也在看，地下閻王爺，因世界科技發達，她們也有科學信息連絡，所以閻羅王也一清二楚，將來死了，上刀山、下油鍋，而且下輩子轉胎，為小鼠，人人喊打，令她心驚膽顫。」

第四：如果三關都通過，有悔改，我要帶她去跳熱門舞蹈，調理心身。」

怪姨說到這裡，停了下來。

「第五呢？」文輝問說。

第五：我要她用毛筆寫一千遍〞去魔〝二字，以上統統通過，才算治療結束。

「那酬勞如何算？」文輝問。

「到第三關，她沒有改善，而私自離去，就表示我的治療無效，不收一文錢。」

「如果妳的教訓治療成功，酬勞多少？」文輝想弄清楚，免日後麻煩。

「在此地住三週，住、食、治療，一切費用，新台幣二十萬元，公事公辦。」

「值得！值得！」文輝點頭認可。

「我還補充一句！過了五關，收費一半，十萬塊，另一半到她離開，三週後，舊病沒有再犯，再算，如何？」怪姨說完，定睛望文輝。

「我考慮考慮，謝謝了，我也交代一句，我是出於無奈，若病患來了，請保密，我未見過妳，再見了。」

文輝辭出，怪姨和小妮送到門口。

* * *

文輝見到詩雨，適梅子也在座，他將見了怪姨的情況，悉數說了個清楚。

詩雨表示經費方面，她可以支援，請梅子做中間人處理，但千萬不能洩密，是我與部長安排的。

梅子點頭答允。

文輝給梅子怪姨的地址，由梅子先陪秀秀老母去拜望怪姨，敲定後再進行醫療。

秀秀釘子刺入左眼，包了藥水紗布，出院後講妥一週後再去復診。

秀秀經過這次教訓，心態有點改變，她同意去怪姨處治療。

老母親自送她去，秀秀一個人住下來。

怪姨個性很怪，一時溫順客套，一時雙目兇狠，惡目相對，令秀秀一身冷汗，被制伏了。

醫療第一關卡！

當年對方如何用皮鞭抽她，她也效法如何用皮鞭抽對方。

有二室，室內有一個木柱綁了一個塑膠女人，穿了女人衣服，長髮披肩，秀秀拿了長鞭，怒目往女人身上猛抽，一邊大叫：「婊子！婊子！我恨妳！我打妳！妳以為我不知道，妳也一樣迷惑男人，跟人手拉手，跟人暗中接吻、親嘴，誰不要臉？是妳！我打妳！我打妳！我打妳！……」

秀秀老母在隔室隱密觀看，一臉驚悸。

秀秀一連抽了十分鐘，一頭大汗，氣力使盡，跌坐在地上。

怪姨進入，扶她站起，坐在一邊。

「怎樣？」怪姨親切地問。

「過癮，太過癮了！她吃夠苦頭了。」秀秀抹汗答。

「你心裡舒服了吧？」

「痛快！我想再抽她，可是我已經精疲力竭。」秀秀苦笑笑。

「好！第一關通過了！」怪姨肯定的說。

「還有……」秀秀疑惑的問。

「夜間再說，妳先休息。」怪姨回說。

因治療要住三週，有的是時間，依照慣例，第二天、第三天，命小妮青青，陪同整理花圃院子，又陪秀秀下五子棋，秀秀感覺新鮮。

這三天，怪姨觀察她習性，每晚深夜一時左右，必定上洗手間一次，於是她施行第二關。

夜深沉戚！廁所在屋外一角，走廊燈光暗淡，她裝扮吊死鬼形象，躲在洗手間外暗處，正待秀秀事畢，走出廁所門，她突然伸舌，兩手一攔，擋住去路，用雙手抓她，嚇得秀秀心驚膽顫大叫：「有鬼！有鬼！救命啦！」

她向左邊躲，吊死鬼擋住左邊，她向右邊躲，吊死鬼擋住右邊，正要伸手抓她，秀秀嚇得暈過去了。

怪姨和青青抬了秀秀，放在床上，她還是夢幻地叫著：「鬼！鬼！」嚇得全身哆嗦。

少頃，她清醒了，張眼一看，怪姨在她身邊，忙說：「姨！剛才⋯⋯」

怪姨手一擋：「妳以前裝神弄鬼嚇人，現在妳自己也嚇了，這就是報應！」

「下次不敢了，下次不敢了！」秀秀輕輕地說。

「那好，第二關通過了。」怪姨微笑拍了拍肩。

「好好睡吧！再沒有鬼來纏妳了。」

第二個星期，怪姨帶她入一密室，房間很小，牆上掛了一塊白色布幕，牆角一架放映機，青青操作機器。

怪姨先作說明：「這是一部短片，我花了不少錢請人拍的，主題是告訴人們，世上有三界，人在做，天上玉皇大帝在看，地下閻羅王也在察，妳做了壞事，上天、地下都有詳盡記錄，到了死了，兩手一攤，兩腳一伸，燒成骨灰，妳以為沒有事了，其實靈魂還在，妳在世上做了壞事，就打入了十八層地獄！」

青青放映片子，閻王爺威嚴坐在那邊，判官站一旁，閻王爺怒說：「妳這個女人在世上惡事做盡，經判官判決，丟入刀山懲處！」

只見螢幕上，二個小鬼，抬起一個長髮女人，往白光森森尖刀山上丟去，女人痛哭慘叫：「啊！啊！」

看得秀秀毛骨悚然。

怪姨望見秀秀懼畏狀！問說：「還有下油鍋，要不要看？！」

「還有？！不要！不要！」秀秀叫著。

「妳是來治病的，這一招也必須要看！」怪姨放下臉色。

小妮青青又放映下油鍋畫面。

閻王爺厲聲說：「這個男人，在世上傷害不少女人，騙錢、騙色，還害死不少人，惡貫滿盈，判決下油鍋！」

只見螢幕上，鐵油鍋下有猛火，油鍋內熱油滾滾，兩個小鬼，抱起一個年輕男人，拋向油鍋，男人慘叫一聲，沉入鍋底。

秀秀雙手掩臉，不敢再看，對怪姨跪了下去。

秀秀老母也在旁室隱密觀看，她張口結舌，撫胸驚嚇。

秀秀跪下說：「奶奶！我錯了，我要做好人，不再害人！」

怪姨扶她站起說：「人死了，還是會投胎，這要看妳一生作為，一生循規蹈矩，平時行善，判他投胎在高官富商家，倘若壞事做盡，那就投胎變小鼠，人人喊打！」

秀秀又再跪下，磕頭說：「奶奶！我發誓，以後我一定做好人，不再害人了。」這一招，極為有效，秀秀每夜惡夢驚叫：「奶奶！救我！救我！我不再做惡人了！」

怪姨在窗外，耳聞莞爾，第三關通過了，怪姨命小妮青青陪她談笑、玩樂，夜間也和秀秀講解忠、孝、節、義，及宗教教義，灌輸善良知識。

一週七天，怪姨治病人有順序，這日晚餐後，怪姨對秀秀說：「今晚我要帶妳去一個地方。」

「是不是又是恐怖，嚇死人的地方？！」

「不！開心玩玩！」

「真的？！」秀秀像孩子一樣，開心跳了起來。

這夜，怪姨真的帶她去一個化妝熱門舞會，男女帶了各色面具，在熱門音樂中，跳著吼著，猶如瘋人院出來的。秀秀加入，如魚得水，而且她身材苗條，蜂腰圓臀，又戴了面具，不知年齡，立即變成要角，眾青年男女圍繞著她，瘋狂舞著、吼著，玩了半個小時，體力大量耗盡，一頭大汗，搖搖晃晃，怪姨一直在旁注視，見她快要暈倒，連忙向前扶住她，接她回家。

「晚上玩得愉快嗎？」怪姨在計程車上問說。

「太棒了！我平生最愉快的一次。」秀秀歡呼。

「行！第四關過了！可喜可賀！」怪姨笑著說。

「那明天我可以回家了？！」

「不！還有最後一關。」

「還有最後一關？！是不是我投胎變小老鼠，人人喊打？！」

怪姨搖頭說：「用毛筆寫〝去魔〞二字一千遍，不得草率、不得馬虎，才能過關。」

「這不是要我的命嗎？我的毛筆字最差，小時候常遭父親打手心。」

「心中魔障須要除去，不然前功盡棄，這是最後一關，沒有商量餘地！」

怪姨怒目一瞪，秀秀嚇得低頭不語。

秀秀正襟危坐，拿起毛筆寫”去魔“二字，開始寫一張，撕去一張，因白紙有方寸空格，出了格，也算犯規。

練了十張，有進步了，面露微笑，一字一字寫著。

秀秀老母在另一室窗口窺視，見女兒有進步，也合手禱告欣喜。

一疊紙張，秀秀毛筆寫”去魔“二字完成，有墨跡在鼻間，她也不以為意，最後一張還加了”阿彌陀佛“四字，功課完成，雙手呈給怪姨。

怪姨看了看，大致可以過關，她給秀秀一個溫暖嘉許擁抱。

秀秀老母在旁，也擁了擁改頭換面的女兒，心中的愉悅，非言語所能形容。

秀秀老母向前，向怪姨一鞠躬，誠懇的說：「謝謝怪姨奶奶！用神奇妙醫，使我們秀秀改變重生，真是謝謝了！」

「不必客氣，我還是實話實說，秀秀病魔已醫療成功，三天內請照以前約定先付醫療費新台幣十萬元，三個月後，病魔沒有復發，再繳十萬塊，請勿失信。」

「是、是，一定、一定！謝謝了！謝謝了！」

秀秀老母帶著秀秀回家，秀秀變成新人，秀秀主動打掃客廳、整理臥室，搶著煮飯、洗碗，與前判若兩人，秀秀老母欣喜地在暗處擦淚感動。

梅子拿了十萬元放在秀秀老母手中。

「謝謝了！您真是人間菩薩，若不是您鼎力相助，我們秀秀那能改過重生？！」

梅子頓了頓，說了真話：「不要謝我，我不過是個中間人，你知不知道，是誰在幫妳？」

「不是影視基金會？！」

梅子搖搖頭。

「那是…」

「人家叫我不要說的，一直叫我保密，我一直忍到今天，我不能不說了…」

「那是誰？那是誰？」秀秀老母氣急敗壞的問著。

「趙詩雨啊！是她拿出來的！」

「這…」秀秀老母極意外。

秀秀正在廚房洗碗碟，聽了是仇人趙詩雨，出資讓她看病，驚得憤怒將碗碟摔滿一地，扶在小桌上，痛哭拍桌大吼：「是她暗中幫我？！我不要！我不要！」

秀秀老母及梅子大驚，正要衝進廚房，不料秀秀一頭散髮，一臉淚水，把她倆推開，拿了椅上皮包，衝出去了。

「秀秀！秀秀！」秀秀老母轉身想拉秀秀已不及，只好後跟大叫：「秀秀！秀秀！」

留下梅子怔在那邊。

秀秀三天沒有回家，她失蹤了。

秀秀老母只好報警找尋。

第四天，徐文輝去探訪怪姨，才知道秀秀已經來過，怪姨安排在一小庵出家為尼了。

秀秀老母在小庵見到秀秀，秀秀真的削髮為尼，雙手合十，淚眼相對，老母只有擦淚的份兒了。

半年過去，秀秀魔症沒有再犯。詩雨又請梅子遵行前諾，將十萬元交給怪姨。

梅子是最後一次去了怪姨診所，她注視徐部長贈送的「化災解厄」四字匾額，她注視良久，因感而自言：「神經病要用神經病醫術醫治才能見效？是神醫？還是人性向善，終有悔改之日？！」

（二十八）

時光如駒，幌一眼已一年到期了，詩雨感覺腹部沒有再隱隱作痛，她又去做徹底檢查，檢查結果出來了。

醫生抓住詩雨：「恭喜您！奇蹟發生了。」

「怎麼啦？」詩雨不解。

「腫瘤消失了，胰臟癌痊癒，是我做醫生以來，第一次遇到，奇蹟！奇蹟！」當然詩雨也極為意外，熱淚直流，衝動地抱了抱醫生。

「太好了！謝謝你，名醫、名醫，醫到病除！」

詩雨回到家，第一個、把這個好消息告訴徐文輝，文輝一聽高興地在電話中親吻她，第二個、當然是梅子，於是一傳十，十傳百，詩雨所有認識的好友爭相轉告，大家都替她高興，而且吵著要詩雨請客。

碰巧過幾天就是詩雨六十大壽，徐文輝叫了名廚外燴，在詩雨家中，邀請至親好友。

林光慶夫婦來了，落魄的乾爹張總也由半臉燙傷的江嫂，陪著前來，詩雨兒子台生，及文輝女兒翠翠忙著接待，高朋滿座，回憶往事，趣事連篇。

詩雨當然刻意打扮，橘紅色的花紋旗袍，半高跟鞋，襯托她蜂腰圓臀，面孔緋紅，把好友梅子看得欣羨不已，她大叫著：「你們看、你們看，大明星究竟是大明星，那裡像六十歲人，我羨慕、我忌妒。」

「梅子！妳六十大壽，我來替妳做！」詩雨說。

「那謝謝了。」

徐文輝一直在詩雨身邊侍候，體貼入微，他不時與詩雨碰杯，有人取笑她倆是婚姻交杯酒，羞得詩雨滿臉通紅，更增美顏；文輝呢，也開心地哈哈大笑。

詩雨是懂禮貌的，她拉了文輝手，一同向張總敬酒。

張總說了一句玩笑話：「今天我太高興了，是不是婚姻喜酒？部長！您心想事成，恭賀您們一對，恩深義重，百年好合！」

「乾爹！您弄錯了，今天是我六十壽宴，不是…」

「那不是一樣？恭禧了！」不知誰叫了起來。

「十個怕老婆九個富！」有人鬧著玩笑。

「那不怕老婆呢？」又有人問著。

「不怕老婆光屁股！」梅子搶著答。

台生對翠翠豎大拇指，對著自己，表示她也怕老婆。

翠翠在臉上用手刮了刮，暗示他不害臊。

大家酒醉飯飽，因為已經知道，詩雨已裝設室內卡拉ok，眾人吵著要唱歌，這些老男老女，當然選的也是老歌，有人提議說：「今天是好日子，要唱”月圓花好“，有人提”癡癡地等“。」

梅子提意說：「”友情“。」

眾人歡樂吵著叫著，但誰來唱，不一而定，這時林光慶拍著手，請各位安靜。眾人不再吵鬧，靜聽林光慶說什麼？

光慶說：「聽說最近有一首歌很感性、很受歡迎！」

「什麼歌？」有人問。

光慶說：「好像歌名叫做”郎的誘惑“」

「好的！這首歌好聽，請新郎、新娘一起唱。」

「什麼？亂七八糟！」詩雨笑著責問。

文輝拍著手，笑著說：「謝謝各位好意，其實這首歌，我和詩雨私下練過，詩雨！既然大家點到我們，我們就來獻醜吧！」

「行！」想不到詩雨慨然應允。大家安靜下來。

打開卡拉ok，詩雨、文輝各取一支麥克風，唱起來了。

「男：娘子！

女：a ha！

男：you will not got hurt.

女：好想唱情歌，看最美的煙火，

在城市牽手。

離開多少風雨後，我愛上唱情歌。

你是夜的星斗，我真愛所有，

是郎的誘惑，我唱起情歌。

在渴望的天空，有美麗的月色，

是新郎的快樂，我風乾了寂寞。

在幸福的天空，你是我的所有，

我的心為愛顫抖。

男：娘子！

女：a ha！

男：**you will not get hurt**

男：娘子！」

歌畢，眾人熱烈鼓掌。

正在這時，門口小犬叫聲不停。

原來詩雨門口，站著削髮為尼的秀秀，雙手合十，閉眼祈福。

她身後也有秀秀老母，雙手合十，默默站著。

珊珊開門一看，訝異，急忙通報詩雨。

「那請她們母女進來同樂！」詩雨說。

徐文輝搖搖頭：「不必了，免掃眾人興致，珊珊！妳拿一件禮品謝謝她們，就是了！」

「也好，這樣看起來，秀秀真的悔改了。」詩雨說。

「詩雨！妳真的做到〞化災解厄〝我佩服妳！」

詩雨嫣然一笑，對大家說：「我和徐部長已經獻醜過了，現在妳們唱吧！」

梅子搶到麥克風，唱起”月圓花好“祝福。

「浮雲散，明月照人來
團圓美滿，今朝最
清淺池塘，鴛鴦戲水
紅裳翠蓋並蒂連開
雙雙對對恩恩愛愛
這軟風兒向著好花吹
柔情蜜意滿人間。」

壽宴是在中午，熱鬧半天，以近黃昏，夕陽從窗外照射進來，剛好照在徐文輝與詩雨身上，兩人十指相扣對望，情意綿綿，而小台生與翠翠，也受到感念，在一角緊擁熱吻。

秀秀收到禮物與老母離去了。

(二十九)

這是詩雨最愉悅的一天，她絕症奇蹟般消失，六十大壽徐文輝叫外燴，約請至親好友為詩雨祝福，本來名醫周偉是今晚最重要主客，因他要緊急救人，在手術室動手術，曾電告祝福。

賓主盡歡，夜已深了，賓客已離去，只有詩雨摯友梅子，坐在那邊，品茗咖啡，一邊愁眉苦臉，唉聲嘆氣。

詩雨和文輝看在眼裡，文輝在詩雨耳語說著什麼？詩雨微微一笑，對梅子說：「梅子！妳怎麼啦？！」

「沒有什麼。」她攏了攏秀髮。

「看妳唉聲嘆氣，是不是我們招待不週？！」詩雨探個究竟。梅子苦笑了一下。

文輝插了一句：「是不是觸景生情？！」

梅子用手指打了個响聲。

文輝：「哈！我猜對了！」

梅子未置可否，只是身體稍微移了移坐位。

「小姐！妳這樣悶聲不響，與平常談笑風生不一樣。」

「難於啟齒！」梅子輕輕說了一句。

「我懂了，是不是妳內心空虛，今天觸景生情？！」

「梅子！妳先生過世很久了吧？！」文輝探詢問說。

「七年了，無子無女，倒也輕鬆自在，可是一個人回到家，身單影隻，冷冷清清⋯」

詩雨一聽立刻走過來，坐在梅子一旁，拉了梅子的手，微笑地說：「我理解！我理解！」

詩雨因文輝在旁不便大聲實話實說，只是在梅子耳旁輕語。

文輝識相，拿了菸走向陽台過癮。

詩雨與梅子不斷低語。

梅子不斷點頭。

「哈哈！妙！妙！」詩雨不禁大聲叫了起來。

「妙什麼？」梅子問。

「剛好昨天夜裡，我與一位醫生朋友談及周偉醫生，她說周醫生以前眼界太高，高不成、低不就，一直無緣結識他喜歡的淑女，還想請我代為物色⋯」

梅子呆望詩雨，抖了一句：「這些日子我幫了妳不少忙吧！」

「謝謝！現在輪到我來為妳…」

「怎麼不說下去？」

「我的絕症是周偉醫生治好的，今天她很忙沒有來，我想改天補請他一次，妳來作陪。」

「這太明顯，不太好吧？！」梅子說。

「那，那怎麼辦？」

梅子詭譎一笑：「人生如戲，戲如人生，不是嗎？！」

梅子說完，拿起皮包要走。

詩雨愣了一下，也伴她一起走出大門。

「夜深了，我的車送妳回去。」

門口座車停在那邊，梅子笑著上車，揮揮手，車子開走了。文輝問詩雨：「妳們聊什麼？」

「她像你常說的一樣，人生如戲，戲如人生。」詩雨笑著回答。

「哈哈！演了一輩子的戲，還忘不了戲癮，看她玩什麼？」

＊　＊　＊

梅子玩什麼？這個女人也五十多歲了，也算是資深美人，秀外慧中，她聽了詩雨對名醫周偉的評價，覺得他是目標可以一試，但是又怕愛情徒勞，她也是大明星，不能一頭栽進去，她決定自稱胰臟有問題，先請周偉門診，照一照面再說。

梅子去聯合醫院，掛了急診，本來想請詩雨陪她一同去，熟人熟路，但是她回頭一想，怕消息傳出，沒有吃到羊肉，弄得一身羊羶，雖然周偉是名醫，但是詩雨並沒有說出周偉長得怎麼樣？若是一個大肚子，而面目不英俊，或身子不高，雖然有句名言：「濃縮的都是精品」像拿破崙、像國父、像大陸鄧小平。不都是身高不到一米六，還不是名垂千古，可是她自己身高 162，穿了高跟鞋，可達 165 公分，所以不達自己理想，她寧缺勿濫。

於是她獨自一人去聯合醫院，掛了急診，而且指定是名醫周偉門診。

周偉知道她是明星，禮遇有加。

周偉替她做了各種重要檢查，然後回到診察室。

梅子坐在周偉對面。

周偉一邊看電腦一邊說：「妳說胰臟方面，有時有隱痛，經過檢查一切正常，恭喜妳！」

梅子微笑了一下：「那我就放心了。」

梅子向左右望了一下，又說：「能不能請她們出去一下？！」

一個護士長，年歲也不小了，正在整理資料，聞悉，嘴角撇了一大撇，走出去，關上門。

周偉笑笑對她說：「大明星！趙詩雨妳認識嗎？」

「不但認識，而且是密友。」

「真的？！」周偉有點意外，也有點驚喜。

「真的假不了，假的真不了！」梅子耍嘴皮子。

周偉抓了抓頭髮，聽不懂她說的話，是什麼意思？

「我什麼病也沒有，掛您門診，延誤其他病人門診時間，抱歉！」

「那妳掛急診？！」

「我是想藉這機會，看看你！」梅子坦白得可以。

周偉非常意外，面紅耳赤。

「我走了，謝謝！」

梅子擰了皮包，嘴含笑還故意扭腰擺臀極為賣弄，大步走出。

這是周偉做醫生門診以來，遇上這樣病人第一次，他愣住了，這個女人蜂腰圓臀，他如徐文輝一樣，喜歡這類女人，他被迷惑了。

梅子走到門口，被他叫住。

「喂！梅子小姐！能不能留個電話？！」

「謝謝了，有緣再見！」

梅子嫣然一笑，走了出去。

門口護士長聽了一切，望著梅子經過她身邊，走了出去。

周偉還是愣在那邊，他雖然是名醫，但對於男女事，缺少歷練，心中澎湃不已，這個女人是個謎，他喜歡，她是趙詩雨密友，當有見面機會。

護士長鐵著臉，推門進來，他才神色鎮定說著：「下一位」。

護士長是個老處女，濃眉大眼，姿色平庸，護士長身材微胖，單戀周偉已久，想不到半路上殺出一個程咬金，她得小心觀察，免一個優種的男人，被別的女人拐走。

梅子精靈古怪，梅子自從這天以門診見周偉，覺得他長得不錯，身高大約

178，慈眉善目，五官端正，應該也有五十多歲了，兩鬢斑白，與部長徐文輝比較，並不遜色，於是她買了小吃點心，買通一個年輕護士。

第二天上午，在醫生未來門診前，她走到醫院，交出第一封簡信，請那個年輕護士轉交，放在周偉辦公桌上。

信封上寫著：「名醫周偉親啟」字跡細小而蒼勁有力，是上了年紀女人手筆。

周偉上班看了看，他還猜想是病人請教病情，自身不能來，而由書信代詢，他撕開信封，抽出一張粉紅色信箋，立即有香味撲鼻，新鮮，是不是那個小病人與他弄著玩笑，他再看信上內容，僅僅兩句話：

黃金千兩易得

知心一個難求

沒有開頭稱呼，也沒有發信人姓名，是誰？是誰有這個閒情逸致？是不是昨天那個小姐？他懷疑著。

次日周偉桌上，又放了第二封信。

又是灑香水，淺紅色信箋，寫了兩句話：

生命誠可貴

愛情價更高

周偉召來小護士問說：「昨天和今天這兩封信，是誰放的？」

年輕護士搖搖頭。

護士長搶著回答：「一早，我好像看見那個明星來過。」

「會是她？！」周偉疑惑了，他是個書呆子，一生專注醫學，對於這些男女情懷遊戲，他是一竅不通的，好吧！既然沒有傷人之詞，也就隨它了。他太忙，忙於門診，忙於教學，等那天假日，他要去見見大明星趙詩雨，請她認認筆跡，談談梅子這個可愛又刁鑽的女人。

第三封信，一早又放在周偉桌上，這封信明顯有了主題，談著愛情，信內寫著：「愛情是多麼令人迷惘、困惑，而有萬分可愛，它的來臨令人惶恐、令人瘋狂，失去了它，令人沮喪！」

周偉撕開信封，看了一眼，嘴角笑了笑。因今天門診病人太多，將信丟入抽屜，就開始門診了，一直到下午一點半，才門診下班離去，護士長胡美琴必在這時來到周偉診療室，她要看看今天又有什麼新花樣？

她拉開抽屜，見又多一封字跡細小的一封信，必是那個女人今早送來的，她將信箋抽出一看，香氣撲鼻，她打個噴嚏，咬牙切齒看著，正想拿信一撕，不易小護士推門進來，她只好放回抽屜，面有怒色對小護士說：「小玉！我對妳怎麼樣？」

小玉小心鎮靜回答：「護士長對我很好。」

「妳知道就好，我偷看了周醫生的信，妳不能說出去！」

小護士點點頭。

「倘是妳敢告訴周大夫，妳的年終獎金就⋯⋯」她沒有說完。

「我知道、我知道。」小護士連忙回說。

胡美琴是個事業心極強的女人，由於姿色平庸，濃眉大眼，身材高大，難與美女抗衡，從小只有在功課方面，搶在別人面前，聊以自慰，而且管理事務謹慎負責，一向為上級主管器重，而且已取得護理方面碩士學位，下班後又極為用功努力，三年前就已進取博士學位，不久提出博士論文，這是最後一關，然而唯一遺憾的是，愛的蹉跎，本來她想拿到博士，再向心儀的周大夫，表露心態，那知半路殺出一個程咬金，是可忍孰不可忍，但是回頭一想，事情才剛開始，周大夫與那個明星，是否互相愛慕？還是未知數，她得小心慎重，她得萬分關切，以免多年愛的幻滅。

次日是假日，周偉主動打電話給趙詩雨，擬拜訪她，請她認認簡信筆跡，是不是梅子寫的？如果確定是梅子的字跡，再探聽她的情況。

詩雨呢？剛好欠他一個人情，歡天喜地的一口答允，中午在趙寓宴請周偉，梅子當然是主角之一，部長徐文輝做陪客。

中午十一點半，一輛乳白色小轎車，在門口停下。

門口小犬叫聲不止。

珊珊到門口一看，叫著：「醫生來了。」

詩雨本來想挽著梅子到門口迎接。

梅子卻反常，甩開詩雨，躲入幔布遮掩的後廳。

周偉換了拖鞋入內。

徐文輝與詩雨在門口迎接。

周偉提了一籃高檔水果。

「一點水果，不成敬意。」周偉說著。

「哎喲！你這麼客氣幹什麼？你是我的救命恩人，下次可不要提什麼東西來了。」

「第一次光顧，總得意思一下。」

詩雨接下水果轉交珊珊。

珊珊提了入內。

詩雨陪同周偉在沙發上入座。

周偉眼觀四周，沒有看見梅子有點失望。

周偉倒是很坦白問說：「梅子小姐沒有來?!」

「噢!我明白了，你是為了梅子，才來看我!」詩雨笑著說。

周偉雖然是名醫，這種事還是第一遭，頻頻取手巾擦額頭汗水。」

「哈哈!」詩雨不禁歡快笑著。

「冒昧了。」周偉說。

「詩雨說中了?」文輝望著周大夫說。文輝陪詩雨去過醫院，所以對周偉也不陌生。

周偉笑笑作為答覆。

「你放心!我已通知梅子，她不敢不來!」

「我有這麼大的魅力?!」

珊珊端來咖啡。

周偉有點尷尬，連忙端咖啡喝著。

門口小犬又叫著，珊珊連忙掀開窗簾一角，對外望了一眼，原來是護士長騎了機車，追蹤而來，見了周偉的轎車，停在詩雨門口，撇了撇嘴，倒車，快速離去。

「是誰?」詩雨問說。

「一個女人騎了機車，到門口一看，就回頭離去了。」

「不管她，我以為梅子騎機車趕來了呢!」文輝玩笑說著。

「梅子又不會騎機車!」詩雨說。

「那是!那是!」文輝答著，一邊對周醫生望了一會說:「請問周醫生最近見過梅子小姐嗎?」

話入主題，周醫生微笑點頭。

「見面了?!」詩雨微笑問說。

「第一次梅子小姐掛急診，說是胰臟方面有問題，指定要我門診，結果經過檢查，一切正常，她才說主要是想見見我，真是受寵若驚。」

幕後梅子噘了噘嘴，雙手掩臉，做羞狀。

「後來沒有再見面？」詩雨又問說。

「後來人沒有見面，但是仿佛是她給了我三封簡信。」

「哈哈！迂迴戰術，三國演義學來的。」詩雨說：「周醫生！我們全蒙在鼓裡，能不能說明一下三封簡信的內容？」

梅子在幕後怒狀。

周偉從口袋掏出三封簡信。

「三封簡信，無頭無尾，不知是誰寫的？我今天來，主要是請妳替我認認筆跡，是不是她寫的？！」

「她？！誰啊！」詩雨開著玩笑。

幕後梅子頓腳怒狀。

「這是第一封簡信，只有兩句話。」

周偉將簡信拿在手裡。

「我可以看嗎？你不給我看，我怎麼認筆跡？！」詩雨故意大聲笑說。

梅子作怒狀，用手指了指詩雨。

周偉只好雙手呈上。

詩雨接過看著。

「怎麼樣？兩句話？兩句話能不能朗誦一下？」文輝急問。

「你急什麼？我來唸吧：『黃金千兩易得，知心一個難求！』」

「哈！什麼意思？！」文輝故意問說。

「妳看這個筆跡是不是…」周偉望著詩雨問說。

「是梅子寫的，我們認識數十年，有時也有文書來往，不錯是梅子的筆跡！」

她停了一會又說：「我要嚴重抗議，我跟她數十年密友，對你還說知心一個難求，我要抗議！抗議！」詩雨故意轉頭對布幔叫著。

布幔後，梅子害羞狀。

「你抗議什麼？她指的是愛情方面。」徐文輝笑說。

「噢！原來是這樣，那我誤會她了。」詩雨對著布幔說。

「哈哈！周大夫！梅子看上你了，她盼望你是她的知心人！」徐文輝又加了一句。

周偉傻笑。

「那第二封簡信，寫了什麼？」文輝急著問說。

「皇帝不急，急死太監！」詩雨笑說。

周偉這才將第二封簡信交在詩雨手裡。

詩雨看了看：

「也是兩句話，我唸啊！

『生命誠可貴

愛情價更高』」

「好！有了主題了。」文輝立即評說。

「名醫！梅子直接了當提了愛情，足見她心中有你了。」詩雨大聲說著。

「榮幸！」周偉笑答。

「第三封信呢？」

周偉先收回前兩封簡信，再將第三封信放在詩雨手中。

詩雨看了看大叫：「天啦！這封信更入骨了。」

「什麼？妳快唸出來吧！」文輝催促著。

「你急什麼?你來唸吧!」詩雨將信交在文輝手裡。

文輝故意清喉嚨作態，然後感情地一字一字唸著：

「愛情是多麼令人迷惘、困惑，而又萬分可愛，它的來臨，令你惶恐，得到它，令你瘋狂，失去了它，令人沮喪。」

詩雨聽後，大為鼓掌：「才女!才女!我不知她還學富五車，蠻有學問的。」

文輝舉杯向周偉敬咖啡，笑說：「看樣子梅子是中意你了，不知名醫對她評價如何?」

「這!這!」周偉有點靦腆，搓著手說：「部長!你以前怎麼忘不了大明星詩雨，我和你一樣，才一面之緣，一見鍾情，她的身材，凹凸有致，蜂腰圓臀，是我一輩子追求的女人。」

「哈哈!你和部長同好、同道，可喜可賀。」詩雨將信交還周偉。

周偉將三封簡信放入口袋。

「信都看過了，大明星!妳確信是梅子小姐的親筆字跡?!」

「當然我可以保證。」

「好在她不在現場，不然，她一定怪我不該將信洩底。」

梅子布幔後嘛嘛嘴。

「不會吧！她高興還來不及呢！」

梅子嘴巴動了動，她怪詩雨和文輝抓機會作弄她，其實她心中是快慰的，她聽了周偉坦陳，放心一大半了。

周偉站起說：「上午喝太多水，洗手間在那兒？」

「就在布幔後！」詩雨答。

周偉大步走去，一個不小心撞了躲在布幔後的梅子，梅子大叫一聲：「哎喲！」

「對不起！對不起！」名醫一看原來是心上人：「原來妳躲在這裡，我洩密了，大明星！不會怪我吧？！」周偉面紅耳赤說著。

「還說呢？好在我沒有說肉麻的話，不然我的面往那兒放？」

「佩服！佩服！字裡行間意義深遠，關於文字方面，以後我要向妳討教。」

「是嗎？我坦白告訴你，我那有這個能耐，我也是書上抄來的。」眾人一聽，不禁大笑。

文輝立即大叫：「一碰，碰出愛的火花來了，恭喜兩位！」

這時梅子才笑咪咪走出，說：「等會我要把他灌醉，他太可惡了。」

「不！我覺得周偉，醫術出眾，為人坦白，這種男人，女人都喜歡。」

「我呢？」文輝插了一句。

「你比他更勝一籌。」詩雨笑說。

這時珊珊對詩雨說：「表姊！大飯店叫的菜都送來了，還是熱騰騰的，上座吧！」

詩雨挽著文輝。

梅子看了看，也挽著周偉。

「請！請！」詩雨招呼著。

他們一行向餐廳走去。

玻璃窗外有個戴了頭盔女人向內探視。

小犬叫著，原來胡美琴又來了。

上了年紀的女人，心頭更為狹隘，胡美琴覺得不能再拖下去了，她鼓起勇氣，用「哀的美敦書」式，向周醫生坦陳多年單戀之情。

當詩雨、文輝與梅子、周偉，杯酒盡歡之際，胡美琴陷入痛苦深淵，她今天親眼目睹，周偉已被梅子迷惑了，她得及時採取行動，為了內容文情並茂，為了內容有血有肉，她寫一張、撕一張，撕一張、又寫一張，花了兩個小時，最後擲筆感嘆，她不敢交出。

於是她又想，去找認識的大明星趙詩雨，說出心底話，得到她的同情，規勸梅子勿奪人所愛，可是趙詩雨與梅子是什麼交情？！它能憐憫自己嗎？這不是癡心妄想？

乾脆鼓起勇氣，直接去找梅子談判，不惜跪地哀求她可憐自己，放棄周偉，但是梅子能答應嗎？自己與周偉，八字還沒有一撇，純是單戀癡戀，若是周偉知道了，他也會笑掉大牙，而且站在美女身邊，就有自卑感，不戰就先敗了。

左也不是、右也不是，東也不是、西也不是，她跌入萬丈深淵，無法自拔。

愛情是折磨人的，她一向有理想、有智慧，想不到這時，她突然被情網所困，她痛苦萬分，拍桌痛哭，不能自己。

這時的胡美琴，已失去理智，突然一個奇突的念頭，在她腦中打轉，死……解脫。只有一死，一了百了。

死有多種方式，她先想「上吊」，用繩索結束自己生命，但又怕這間租來的小房，被稱為「凶宅」，禍及房東。她又想到燒炭自盡，但也怕波及緊鄰，她也不願。

她想來想去，「投海自盡」最為妥當，目前不是有多少高官名人，死了，把骨灰撒在大海裡，與人無害。她平時愛海，經常獨自一人坐在海邊，望著波濤洶湧的大海，如果投向海，她是投向愛的懷抱，無怨無悔。

她決定了，立即寫遺書，她的父親已亡故，只有母親和妹妹，她把所有贈給妹妹，要妹妹代她對母盡孝，她把銀行及郵局存摺、私章、手機放在桌上。拿了簡單背包，正待鎖門上路，突然放在桌上的手機，響了起來，她已無心接聽，手機一遍遍響著，她則一步步走出，正待拉門上鎖，突然止步，她要打開手機大罵對方以洩心中煩悶之情，想不到手機裡，妹妹哭著叫著：「姐！媽媽中風了，趕快回來！」「姐！妳聽到沒有，媽中風了！妳快回來！」

胡美琴是個孝女，兩天前，她就去探望過老母，老母重感冒，她在母親身邊，待了一天，這時一聽妹妹哭著喊她，她怎麼能自己尋求解脫，而不顧老母死活？一念之間，她改變主意，連忙收遺書等物，放入抽屜，鎖門，叫計程車，奔母親住處。

在車上，她也想到，萬一母親不幸，她辦完後事，再投海自盡，或有殉母之美名。

狂奔到家，母親真的中風，不省人事，妹妹在一旁流淚，她一邊大叫，一邊用專業急救，老母終於漸漸蘇醒，骨肉三人擁抱大哭。

老母還說：「琴兒！我是夢見你要自殺，才中風的。」

胡美琴睜大眼睛，不相信自己耳朵，難道骨肉親人，真有心連心之情，她呆住了。一把抱住老母嚎啕大哭：「媽！媽！我的媽！您救了我，也救了您自己。」

「怎麼一回事？姐！妳真的？！」妹妹不知究竟問著。

胡美琴擦著眼淚，怕妹妹關心，只好掩飾地說：「沒有事，我也做了一個夢，一個可怕的夢。」

這時她的手機又響了起來。

她接聽了，是她的專業老師來的電話，說是她的博士論文，經過評審可以過關。

這是她一生夢寐以求的大事，她期盼多年的夢想，她意外歡快地叫著：「老師！是真的嗎？是真的嗎？我太高興了，老師！謝謝您！」

她關了手機，把這個好消息告訴老母和妹妹，當然家人也高興，胡美琴是太意外了，她跳著、舞著，最後喜極而泣。

人的心情都是在一念之間，一天之內輪迴翻轉，從絕望尋死，到母親救回、博士論文又將過關，好消息接踵而至，如夢如幻，她快活的大叫：「去你的名醫！去你的臭男人！世上有多少未婚女人，她們為了理念，為了生活，不是活得好好的？老娘差點做了錯事，我該打！該打！」

她揚起手，猛摑自己面頰。

一個才念初中的小女孩，一頭霧水，望著瘋子般的姐姐。

「姐！你怎麼啦？」

「螻蟻尚且偷生，人為什麼要厭世？笨！世界是美好的，前途是光明的，明天我要陪媽媽去天后宮拜拜，謝謝天后娘娘保佑我們全家。

（三十）

「同心結麵館」部長徐文輝是經常光顧的，因為一是大股東，生意好惡與收入有關，二是遇到才藝比賽，他得到消息，必親自評分頒獎。

這日見林光慶在旁唉聲嘆氣，其妻淑娟也病容滿面，時站時坐，似極疲累，與以往熱烈招呼，判若二人。

文輝離去時，林光慶又陪同，一邊吸菸、一邊在門口路上緩步行走，文輝察顏觀色，關心的問林光慶：「光慶！最近你有心事？！」

光慶望了望老長官，淡然一說：「老長官真有眼光，看出來了。」

「我看你經常輕聲唉聲嘆氣，淑娟呢？皺眉苦臉，是不是太累了？！」

「不瞞老長官，淑娟有病。」

文輝一聽，停步看著光慶。

「看醫生了？」

光慶點點頭。

「檢查出來沒有？什麼病？」

「前個時候，淑娟下部常常出血，他自己還不當一回事，是我強拉了她去醫院檢查，才得知的，很少聽見的怪病『子宮膜癌！』

「什麼？！文輝一怔：「很嚴重？！」

「發現的早，醫生說可以醫治。」

「那好、那好，唉！人吃五穀雜糧，誰能保證不生病，不過，生病得趕快醫治，千萬不能拖。」

「我也這麼想。」

「讓她休息吧！同心結麵館暫時不營業也沒關係。」

「那不可能，生意不錯，而且名聲遠播，才藝老人來報名的一大堆，我都先登記下來了。」

「身體要緊，不能光顧到生意。」

「我也這麼想，可是淑娟不答應，這個小店是她招呼，『同心結麵館』也打出知名度，不能歇業。」

「那你有什麼想法？」

「我想只有登報，徵求一個幫手。」

「好！我同意。」

「老長官不問，我也準備向您報告。」

「那你急著進行，一切你看著辦。」

「謝謝老長官！」

*　*　*

徐文輝回到趙詩雨住處，詩雨得知淑娟得了這種怪病，也很焦急，心想立即去『同心結麵館』看淑娟，也好在現場招呼客人，幫幫忙。

「詩雨！我就是愛妳這點，心腸好，樂於助人。」

「你不是大股東？！幫她也是幫自己。」

「大明星！今天晚了，明天我們特別去慰問淑娟。」文輝說。

次日上午，詩雨和文輝特別帶了高檔水果，去慰問淑娟，詩雨還特別，脫了外套、捲起袖子，準備暫時兼任服務生，為淑娟分勞。

淑娟一百個不許，她叫著：「夫人！(她改變了稱呼)您得到消息，就來慰問我，已感謝不盡，而且目前還能勉強支撐得住，報上已登了廣告，說不定明天，就有人來應徵了。」淑娟說。

「那好、那好，妳累了就休息，反正今天不是假日，客人不會太多，明天我再來幫忙吧！」詩雨真心實意地說著。

這時詩雨的手機响了，朋友約會，只好拉了淑娟耳語，囑咐什麼？又抱了她、又親了她，才悵然離去。

（三十一）

第二天，林光慶去台北看一個朋友，聽說他朋友的愛妻，也是得了這種病，他要向他請教。

上午十一十左右，『同心結麵館』已有客人光顧，淑娟無精打采招呼著。

這時穿著入時，面目可人，身材苗條的中年女人，手裡拿了報紙，走了進來。

她舉目四望，有小型舞台，一個老人正在拉手風琴自娛，也有一對老年夫妻，搶食同心結麵點，她不知詳細情形，只是感到這家店與眾不同。

淑娟連忙趨前招呼。

中年女微笑，找了個座位坐下。

「想吃什麼？」淑娟問著。

「我不是來吃東西的，我是來應徵的。」

中年女指了指手上的報紙。

淑娟拿了報紙看了看，小廣告，文字不多，僅幾個字「『同心結麵館』誠徵才藝老人服務生，願者面洽。」

「不錯，是我們登的。」淑娟說。

「我有興趣，想來試試。」中年女微笑說。

正這時林光慶從台北市歸來，淑娟見了，對他說：「這位小姐，是來應徵的，你招呼，我去休息了。」淑娟說完，就掉頭而去，推門進入內室。

光慶先脫了外套，再去倒了兩杯水，一杯遞給中年女人，另一杯自己喝著，看他口乾舌燥，一口喝完，然後用餐巾紙擦擦臉，誠懇地望著中年女人。

「妳是……」

「我是來應徵的，沒有別人捷足先登吧？」中年女開話盒子。

「沒有，妳是第一位，廣告那麼小，妳怎麼看到的？」

中年女笑了笑說：「說也是湊巧，我在西門町一家咖啡廳喝咖啡，端杯子不小心，茶杯搖晃，倒了一點出來，我連忙用餐巾紙擦拭，才發現的。」

「原來是這樣發現廣告的。」

「上面廣告說：『徵求才藝老人服務生』我有點興趣，而且我剛失業，來看看，也無不可。」中年女掠了掠秀髮。

林光慶這才注視對面這個中年女人，皮膚白淨、五官端正，秀髮可能染過，也勉強稱得上是個資深美女。

光慶頓了頓才說：「看樣子，小姐養尊處優，彷彿不是做粗工的？！」

中年女笑了笑：「難道服務生還要做粗工？！」

「當然不是。」

中年女掠了掠長髮。

「請問芳名？」

「我姓石，石頭的石，名字綠，叫石綠。

林光慶微笑了笑：「這個名字很特別，妳是綠？！」

石綠怔了怔：「哦！妳是指族群？我非藍、非綠、非紅、非橘！」

光慶一怔，聽他談話非一般，無形中對她肅然起敬。

「那妳為何取這個名字？」

「我是多年前從香港來台灣，去戶籍機關辦身分證，我本來叫『石玉』，也許是辦事人員，誤聽的『玉』變成『綠』，我一向粗心大意，回去一看，弄錯了，錯就錯吧！反正綠在台灣一大半，有人想欺負我，也不敢了。」

「哈哈⋯」光慶一聽大笑。

「又不是男人戴綠帽子，被人笑，告訴你，有一天，我在捷運上，看見一個美女，穿了一雙全新閃亮的綠色布鞋，非常漂亮，當然我就想，她是綠的，穿著綠鞋，一步一個腳印，一步一步往前走；當然我也想，她不是綠的，穿了綠鞋，另有作用⋯」

「怎麼不說完？」光慶問。

「我不敢說。」

石綠走到光慶身邊耳語。

「哈哈⋯」光慶一聽，覺得這個女人，口齒犀利，不可忽視。

這時老人手風琴拉畢，眾人鼓掌。

石綠站起來說：「我戲癮來了，能不能讓我露一手？」

「當然歡迎。」又問說：「妳唱歌？還是唱戲？！」

我很久沒有練嗓子了，我想唱京戲〝蘇三起解〞可以嗎？」

「行！剛好有位琴師在，他的京胡，拉得不錯。」

於是林光慶去和一個老人說了什麼？老人欣然答允。

光慶又請石綠上了舞台。

老人調了京胡，石綠就用優雅悲戚的腔調，唱起來了…

「蘇三離了洪洞縣，將身來到大街前，未曾開言，我心好慘，過往君子聽我言，哪一位去南京，與我那三郎把信傳…」

淑娟也復出，站在遠處觀望。

石綠一曲畢，眾人熱烈鼓掌，有人互相質問，她是誰?她是誰?

光慶大為意外，說道：「想不到、想不到，字正腔圓，妳是京班子出來的?」

「我以前小時候，跟著父母從大陸逃到香港調景嶺，跟老師學過。」

光慶一聽，面色有異：「妳在調景嶺待過?!我年輕的時候，也跟長輩逃到香港調景嶺。」

「那真巧了，同是異鄉淪落人。」石綠又問：「你在那邊待了多久?」

「我待了十年，還認識一個小妹妹。」光慶說。

「你還記得那小女孩叫什麼嗎?」石綠著急問。

光慶想了想：「好像叫小如，還是小玉!」

石綠一聽，站起忙問：「那你怎麼稱呼?」

「原來我叫林光爛，後來改為林光慶。

石綠一聽，不禁張口結舌，然後走到一角，掩臉痛哭：「啊！」

「妳怎麼啦？」光慶狐疑問說。

石綠一邊擦淚，一邊說：「妳是我大哥啊！那時候你比我大十歲，你很喜歡我，我們兩家長輩開玩笑，說什麼，將來長大可以⋯⋯」

「我想起來了，是有這回事，那我請問妳，妳怎麼到台灣來的？」

「是我父親臨終時，囑咐我，一定到台灣找你，並且給我一張你小時候照片。」

「照片帶在身上嗎？」

「當然，我隨時帶在身上。」

「我可以看看嗎？」

石綠從大皮包內的小皮夾，取出一張發黃的舊照片。

林光慶激動，眼睛泛紅看著。

淑娟這時也走過來，搶過來看著。

「那時大概二十幾歲，蠻英俊的。」淑娟說。

石綠望著淑娟問說：「她是誰？」

「是我老婆。」

「哦！大嫂！」石綠連忙趨前，親切叫著。

「可惜！可惜，若二十多年前相遇，妳不就是…」淑娟沒說完。

林光慶這時候的心情，五味雜陳，兩邊為難，他本想繼續問他這些年的經過，又怕病妻心中起了誤會。

倒是石綠心中豁達，索性一切坦白，以了多年心思。

「我父親過世後，在香港舉目無親，我想立即到台灣來尋你，我在香港已待了五年，合乎入台規定…」

「你台灣有親戚？誰來申請？誰來擔保？」光慶打破沙鍋問到底。

「不好意思講。」

「沒有關係。」

「我講出來，請不要笑我。」

光慶點點頭。

「我是以假結婚身份，混到台灣來的。」

「那是違法的。」

「我沒有辦法，後來我混進西門町一家歌廳，每日遇到外省人，我就拿照片打聽你，誰知你改了名，打聽幾年都沒有音訊。」

「你生活都還好？」

「入境隨俗，我找了老師，學流行歌曲，老師指導我，可以吃這行飯，而且那時候，老兵多，我們歌手每人上場，只唱兩首，一首流行歌曲、一首京腔京戲，還算受歡迎，所以生活無慮。」石綠一連串說著。

「那現在⋯」

「老兵凋零，年輕的台灣妹和大陸妹崛起，排擠我，我已兩月沒有唱了，每日無所事事，看了廣告，想不到⋯」石綠說到這裡，又低頭擦淚。

「好了，今天你們重逢，好日子來了。」淑娟說了這句酸酸的話，就一個轉身，推門入室。

光慶怔在那邊。

石綠是走也不是，不走也不是。

淑娟又復出，對石綠說：「這樣吧！既來之則安之，我病了，又缺少人手，就暫時在這裡幫忙吧！」

石綠望著林光慶。

林光慶啞然點點頭。

倒是石綠因在歌廳，已經訓練到什麼情況？怎麼應對，不知老闆娘，剛才所說是真情還是實意？自己也無法作答，只好以拖待變，對大眾說：「唱歌！唱歌！我要唱一首”苦酒滿杯“。」

正要上台演唱，突然嘻嘻哈哈來了三個老人，進入麵館。

「石綠！終於我們找到妳了，哈哈…」老人甲說。

「妳不在西門町演唱，我們都生相思病了。」老人乙說。

「我們花了很多心血，才在妳的姊妹淘，探聽出消息。」老人丙說。

「諸位大哥！謝謝你們了。」石綠站在台上，一一鞠躬。

「妳唱！妳唱！我們一樣給紅包。」甲說。

「不要這樣，這又不是紅包場，那我開始了。」

音樂響起。石綠兩眼含淚，以感性的腔調，演唱起來。

「人說酒能消人愁

為什麼飲盡美酒　還是不解愁

杯底幻影 總是夢中人

何處去找尋他…」

三個老人一一送上紅包，還做出各種搞笑表情。

一是紅包送出又收回。

二是紅包往他胸前衣內塞。

三是與她互拍手，又行了一個軍禮，才給紅包。

淑娟看在眼哩，與林光慶耳語什麼？

石綠唱畢，眾人鼓掌。

石綠謝幕，然後走到淑娟身邊，將紅包悉數交淑娟。淑娟訝異，拒收。

「妳這是幹什麼？」

「我是店內員工，演唱所得，應全部歸公。」

「不，我不能收，客人給妳的紅包，理應妳自己收。」

「那我就不客氣了。」

「石綠！妳是願意在這裡工作了？」光慶問說。

「大哥！能找到你，是我一生的奇遇，我怎麼離開，今後我把你當親兄長，把你夫人當大嫂。」

「妳不會是口是心非吧？」淑娟還是有點不放心。

「好，我們去天后宮結拜，而且大嫂有病，我要好好照顧妳。」

部長徐文輝及大明星趙詩雨，早就在室外站了一會，聽了一切，這時，兩人一臉笑容，拍著手進來。

「光慶、淑娟！恭喜你們兩位，怎麼有這好的福份？！」文輝笑著說。

於是林光慶連忙介紹。

石綠親熱地拉著詩雨的手說：「您不是大明星嗎？在香港我就常看過您，哈哈！我運氣真好，找了大哥，又認識部長和大明星，我要走運了。」

「我和他們是老朋友了，他們能找到這麼好的幫手，我真替他們高興。」文輝說著。

「部長！她從小學過京戲，部長是個京胡高手，以後你們可以常常合作。」淑娟說。

石綠是待下去了，紅包場的老客人，一傳五，五傳十，紛紛找上門來，沒有人和她搶客人，因此石綠收入紅包甚豐，麵館生意也加倍興隆。

有天淑娟在臥房休息，石綠也想與林光慶爭食同心結玩玩，不料這些話，被房內的淑娟聽到，她走出來提出建議：

「這樣吧！石綠！我們兩人搶吸同心結，來真的！我們來三次，如果妳贏了兩次，妳就是贏家，我讓賢。」淑娟說。

林光慶怔在那邊，他不知淑娟什麼意思？

「大嫂！我不能和妳玩這個！」

「玩有什麼意思？！來真的，真刀真槍，石綠！勝者為王，敗者為寇。」

「我怎能搶妳的位置？」

「不必客氣了，妳以為我不知道，妳們一直眉目傳情，死灰復燃。」

「大嫂！妳懷疑我，妳不放心。我走就是了。」石綠被人誤會，心中有點惱。

剛好三個甲乙丙老人在現場，連忙趨前力勸。

甲說：「石綠！妳和她拚，妳贏了，當了老闆娘，我們來吃麵，打八折。」

老人乙把甲推開說：「好、好，這個建議行，老客人來了通通打對折。」

老人丙說：「不行、不行！開店是為了做生意賺錢，妳打對折，生意虧了，你負擔補貼？」

老人乙聽了傻眼：「打對折不行，那就是我們三個人打八折，其他人，不能一視同仁。」

老人甲又說：「對、對，這傳出去不好，總而言之，統而言之，我們贊成你跟她拚，拚贏了，傳到紅包場，把那些平常妒忌妳的姑娘，氣得眼珠都要爆出來，而且我們三個對妳死忠的粉絲，也感到光榮。」

老人在旁叫著：「來、來！加油！加油！」

林光慶在一旁只有瞪眼的份。

三個老人你一言我一語胡鬧著。

石綠火了，大聲叫著：「夠了！你們吵什麼？再吵？我就把你們轟出去！」

三個老人手摀臉，做愧狀。

淑娟則問：「怎麼樣？這些人都支持妳，妳還考慮什麼？」

石綠向林光慶望了一眼。

林光慶搖頭。

「你看、你看，這不是眉目傳情嗎？」淑娟眼尖，又說了酸話。

石綠心中有點氣說：「是妳逼我的，我若不遵從，那就表示虛偽，大嫂！行！

來吧！我若贏了兩次，你可不能後悔！」

「笑話，藥店沒有後悔藥，我向來一言九鼎，絕不後悔！」

淑娟向丈夫望了一眼說：「那就請你煮三個同心結麵食。」

「不去！不去！不去！」林光慶怒說。

三個老人又來湊熱鬧，甲搶著說：「你不去，我去！」

老人乙也說：「我也去！」

老人丙說：「我們三個人煮三碗麵，三個同心結。」

老人甲：「三人煮三碗麵，她倆怎麼吃得下？」

老人乙：「笨！她倆光吃同心結，麵條嗎？」

老人丙搶說：「我們三人一人一碗。」

「哈哈！」三人同笑。

「那就偏勞你啦！別再打岔。」淑娟叮嚀著。

三人同聲：「是！是！」

三人肩挽肩入內。

等待麵結間。眾人無聲，等待好戲上場。淑娟摸脖子，清喉嚨。石綠雙手合十，閉目祈神保佑。三個老人嘻嘻哈哈，每個人端一碗麵結入場。他們將一碗麵，擺放當中，另兩碗暫放旁邊。

「只好麻煩那一位老人家喊口令了。」淑娟說著。

「我來，一回生、二回熟，我也試過。」

光慶準備開溜，才轉身。

「你是重要證人，你不能走！」淑娟下了命令。

光慶走了兩步，又退回，無奈狀。

「預備⋯⋯」老人甲發口令。

淑娟用筷子挑出一根長條麵線。

石綠也挑起一根長麵。

老人甲大聲叫著：「開始！」

淑娟與石綠搶吸。一根長長麵，當中打了一個結，眾人眼光隨同心結，時左時右，隨同心結而起動。石綠用力一吸，同心結到了嘴邊。

三個老人加油叫著：「吸、吸，怎麼停了，加油！加油！」

淑娟望石綠。

石綠望淑娟。

林光慶當然關心，只好閉目不看。

「石綠！加油！加油！」老人叫說。

「這個女人好笨，到嘴的同心結，不吸了。」老人叫說。

正這時，石綠打了個噴嚏。同心結將掉落。

淑娟一吸，同心結慢慢向她移動。

眾人的心情緊張。

光慶睜開一眼偷看。

同心結被淑娟吞下，笑說：「妳是故意謙讓是不是？」

石綠搖頭望林光慶。

光慶頭轉向，避免被指眉目傳情。

「好，這一次我贏了，如果第二次妳贏了，再來第三次。」淑娟說。

「算了吧！我輸了！我投降！」

「不！這個店什麼事，都是我說了算，不能算了，你一向不是不服輸，再來第二次！」

「第二次準是石綠贏！我喊口令！」老人乙說著。

老人丙連忙將第二碗放當中。

「預備…開始！」老人丙喊口令。

石綠、淑娟兩眼望見對方，嘴巴搶吸。

三個老人大叫：「石綠！加油！加油！」

石綠用力一吸，同心結到了嘴邊。眾人的心懸著。

石綠再一用力，同心結入口。眾人鼓掌。

「一比一，來第三次定輸贏。」老人甲說著。

老人乙端了第三碗麵，放中間，喊著口令：「預備…開始！」

這次是決賽，勝負難料，加油聲響徹雲霄。

林光慶心慌意亂，乾脆轉身閉目，雙手掩耳，不看不聞。

石綠與淑娟挑了長長麵條，同心結在當中搖幌，一時左一時右，牽動眾人心。

正在這時，石綠忽然站起，一手劈去，麵線斷了，同心結掉入碗中。大出眾人所料，均驚訝不已。

淑娟疑惑地問說：「石綠！你為什麼這麼做？！」

「大嫂！算我輸了，我走就是，此處不留爺，自有留爺處，處處不留爺，老娘回大陸去！」

「到我家去！」老人甲說。

「我是她同鄉，應當到我家去！」老人乙說。

「我是最早認識她，感情比你們深，應當到我家去！」老人丙說。

這樣的結局，林光慶最為欣慰，他大聲叫著：「你們不要吵了，石綠那裡也不去，我們在二十年前就認識，同是異鄉淪落人，我老婆生重病，需要她照顧。石綠！我來問妳，妳要真誠實意的回答我：「妳願意離開這裡？」

石綠以流淚滿面，對著淑娟說：「在我情緒最低潮時，妳們徵求幫手，廣告那麼小，我都能發現，而且與大哥奇遇，這難道不是難得的緣份？！我已把他當大哥，把妳當大嫂，而且妳有病，我要好好照顧妳，只要你們不嫌棄我，我願意留下！」

這時淑娟也熱淚直流，張開雙臂，石綠見狀，連忙投入淑娟懷抱，兩人緊擁痛哭。

「我的妹妹，都是我多心，是我試妳的，妳是一個好妹子，從今而後，我把這個店全權交給妳經營，我專心去治病。」

「大嫂啊！」石綠哭喊著。

「好妹妹！」淑娟也叫著。

林光慶也熱淚直流，這是最好的結局，他走過去，把她們二人緊緊擁抱在懷裡。

三個老人也大為感動，頻頻擦淚。

「想不到、想不到！」老人甲說。

「最好的結局。」老人乙說。

「剛才我們三人胡鬧，不過是逗趣遊戲。」老人丙說。

「對、對，請各位不要見怪。」老人甲說。

「我好羨慕。」老人乙說。

「我羨慕死了！」老人丙說。

老人甲與他倆耳語。

引得三個老人哈哈大笑。

大家心知肚明，無非是老婆與小三，和平共處之言，因已最好的結局，不便直言，免生事端，三個老人開心果，獲得大眾諒解。

這時部長和大明星趙詩雨，從暗處走出。

林光慶訝異：「老長官！您們沒有走？！」

「我們怎麼能走？這是你們家務事，我們不便置喙，但關心著，我看淑娟和石綠，不管誰輸誰贏，都是憾事，而且在現場，我們見了石綠識大體、懂事理，這樣的結局，皆大歡喜。

「謝謝部長！」淑娟說。，

石綠歡快地大叫著：「部長！大明星！還有各位老朋友，大家聽了，石綠留下來了，我發誓，我要做一個純純的好妹子！」

眾人鼓掌。三個老人，伸大拇指讚佩。

大明星趙詩雨也感動說了話：「好、好，妹子，妳有愛心，有善心，好樣的，妳的事，包在我身上，有一位喪偶退休的中級公務員，家有恆產，他拜託我，物色終身伴侶，我覺得你們是很相配的一對。

眾人鼓掌。

「謝謝夫人！不過！不要急，等淑娟毛病治癒，再談我妹子的事好不好？！」

林光慶建議說。

「淑娟！這樣看起來，光慶的心還是偏妳多一點，行！你這個大舅子，是做定了。」

眾人又是哄堂大笑。

(三十二)

「夕陽無限好，只是近黃昏」這是一句名言。也有人說：「雖然近黃昏，依然無限好！」

的確，現在老人與以往絕對不相同，因注重飲食、運動、以及醫藥發達，健康長壽，超過八、九十歲的，隨處可見，百歲以上者，也大有人在。

據傳，現在老人朋友相見，不再說：「祝你長命百歲！」而是改為「祝你一百二十歲」。

大明星趙詩雨與部長徐文輝，歷經多年「愛的蹉跎」，終於有緣收成美好的正果。

一身殘障的張總，與臉部燙傷的江嫂、以及梅子與名醫周偉的愛的結合，林光慶與石綠的奇遇，現今和未來，多少直接或間接都與詩雨及文輝有關。

發瘋的秀秀因詩雨和徐文輝的大力支助「化災解厄」。

對周偉單戀的護士長胡美琴，為了救母，及即將得到博士學位，而轉變一念之間，從死神間拉回，有驚無險。

胡美琴也算是一位可敬的女人，她等到周偉和梅子結婚之日，喝喜酒，才把她從死神中重活的經歷，坦告詩雨，聽得詩雨張口結舌，她緊握美琴雙手說：「博士！謝謝妳一念之間，不然差點連累我蒙上洗不去的陰影，妳放心，現在多人喊我：「月老姐」(媒人之意)我也願為天下有情人皆成眷屬，周偉醫生是過去式了，不提他了，但是還有不少怨偶，或身單影隻的學者高官，如有機會，我一定大力促成妳的好事。」

「謝謝妳了！」胡美琴真心實意地說。

詩雨又建議梅子與胡美琴結為姐妹之誼，三不五時，梅子約胡美琴到家一晤，周偉這個書呆子，一直蒙在鼓裡，不知內情。

部長徐文輝與大明星趙詩雨，已公證結婚，未設特別「愛窩洞房」每週一三五住男家，二四六住女家，週日各自自由活動。

文輝有「同心結麵館」，詩雨家內有卡拉ok，興之所致，不是去「同心結麵館」與才藝老人互動，就是在家唱卡拉ok，或光放音樂，兩人娑婆起舞。

一個女人擁有天姿美色，又富有愛心，有恩報恩、有仇也未必報仇，心胸豁達，難怪發生奇蹟、絕症得痊癒。

部長徐文輝與大明星趙詩雨，婚後恩愛愈恆、鶼鰈情深，令友朋羨慕不已。

這日傍晚雨後，「小而美」社區得天獨厚，夕陽普照，又出現五彩繽紛的彩虹。

徐文輝拉著詩雨的手，在門口觀望，極為驚喜！徐文輝想起大陸中央台老人節目的主題曲，有兩句歌詞「夕陽是晚開的花，夕陽是陳年的酒」這不是我們的寫照嗎？

～～～～～ 全文完 ～～～～～

從實招來

有人問我，為什麼用這個題材，寫「大明星與部長的故事？」是不是真有其事？！還是憑空捏造？！

本書開頭我就鄭重說明：本書內容，均係杜撰虛構，如有雷同，純屬巧合，請勿對號入座。

最近又有人問我，一定有什麼靈感，或有其他事故啟發我的創作動機。好！問得不錯，凡是寫作的人，必定先有了蛛絲馬跡，才加油添醬，編撰故事，我承認是有一點啟發性作用，我從實招來吧！

那是三十多年以前的事了，那時候我是中視八點檔連續劇編劇兼製作人，一個有口無心的女演員，隨口叫我：「乾爸」。

一天夜裡她來了電話，我把這段話紀錄如下：

「喂！乾爸！」

我聽口音知道是誰。

「什麼事？！」我問。

「我告訴你……」她沒有說完，我就截斷她的話。

「是不是為爭女主角，又和小姐妹吵架了？！」

「才不是呢！」她說。

這個女孩，有點姿色，但脾氣不好，有時候我以長輩身份規勸她，她頂我一句：「台灣的天氣，女人的脾氣。」就是說，女人的脾氣和天氣一樣，天氣預報是不是常說：「晴時多雲偶陣雨嗎？」

「那是旁的事？是不是有什麼好消息？」我問。

「我現在在中視錄影棚內錄影，有人在門口等我。」她極為歡悅地說。

乾爸才不管這狗屁倒灶的事，她既然這麼高興，也引起我的興趣了。

「誰？」我問。

「一個部長。」乖乖隆的冬，我心中嚇了一跳，她的感情世界是開放了一點，她身邊有幾個男朋友，我也很清楚，但是有部長看上她，我還是第一次聽到。

我連忙問說：「什麼部部長？」

「XX部」

「他的大名是…」

「XX」她答的很乾脆。

「恭喜妳，我很高興，我有了當部長的乾女婿了。」

「哈哈…」她笑著掛了電話。

後來，有人想套我的口氣，說出這個部長是誰？打死我，我也不說，免引起部長家屬文化大革命地動山搖，現在事隔多年，我可以偷偷告訴你，這個部長如今還健在，而且經常在媒體中現身，夠了，話多必失，不是常言道：「是非只為多開口，煩惱皆因強出頭。」饒了我吧！多年來，這件事一直深印在我腦海中，我很佩服這個部長，他心儀一個女人，凡事點到為止，不會像有些呆頭鵝，一頭栽進去，弄得身敗名裂。

後來我又認識一個真正是大明星，有日，她告訴我，胃不舒服(現已康復)，我這個人書讀不多，但喜歡胡思亂想，以前住在台北市和平東路，國防部單身宿舍，為了想故事，坐15路公車，一個來回，故事想出來了，還有當年與四人編撰連續劇，必定在旅館商談劇情，大多採用我的點子，所以說，想故事，我有一套的。

近年，老人越來越多，曠男怨女也不少，我想老人也該有異性伴侶，互相安慰，已增進健康長壽。

於是我想了這個故事……

一個大明星不幸得了胰臟癌，生命只有一年，她倒是想得很開，她想在有幸一年中，決定做一生三件大事：

一是有恩報恩。

二是有仇報仇。

三是在她聲譽鼎盛時，有位無名氏，寫了一百封情書給她，她用二十萬友誼金，公開登報徵求這位情種現身。

而那位情種又是誰？

題目已說明是個部長，不過這個部長內心熱火朝天，外表卻冷若冰霜，與那XX部長，個性截然不同，他寫過小說，文筆也不錯，他的情書，是大明星心情不佳時的靈丹妙藥，偏偏他趁機戲弄大明星，爾虞我詐，好戲連台。

不多寫了，免得有人說我，往臉上貼金，自我吹噓。

還是請讀者自己欣賞吧！

目前一般人沒有耐心，這本書不是長篇巨著，一兩天就可以看完，不知對不對你的胃口?!

我這個人已九十高齡，老頑童一個，娛樂自己，也娛樂別人，不是嗎？

二〇一六年二月 **蔣子安**